I0080015

El Tarot y el Amor

Enos Long

El Tarot
y El Amor

Enos Long

El Tarot y el Amor

© 2023 por Daniel C. Bernardo

SOJOURNER BOOKS

https://sojournerbooks.com

Todos los derechos reservados bajos las convenciones
Internacional y Pan-Americana de Copyright.

ISBN: 978-1-7390445-0-3

Índice

Introducción

El Tarot, inicialmente sólo se usaba como un juego; las 78 cartas que lo componen, cuyos primeros ejemplares aparecieron en el norte de Italia en el siglo XV, le ofrecían a los jugadores una gama de imágenes tomadas de la iconografía de la época; aunque los dibujos de las cartas variaron a lo largo del tiempo, las cartas fueron estandarizadas entre los siglos XVII y XVIII en la baraja que hoy conocemos como Tarot de Marsella.

En el último tercio del siglo XVIII, en Francia, Jean-Baptiste Alliette, bajo el seudónimo de Etteilla, escribió una serie de libros sobre el uso adivinatorio de las cartas. *Le petit Etteilla our l'art de tirer les cartes* (El pequeño Etteilla o el arte de tirar las cartas), enseñaba el uso adivinatorio de las cartas de piquet.

Entre los años 1783-1785 Etteilla publicó su obra *Manière de se récréer avec le jeu de cartes nommées tarots* (Como divertirse uno mismo con la baraja de cartas llamada tarots), en cuatro volúmenes. Con este libro, y con la baraja de Tarot que él publicó a fines del siglo XVIII, Etteilla transformó al Tarot en una herramienta adivinatoria, dejando atrás sus orígenes lúdicos. De hecho, muchos de los significados adivinatorios que hoy asociamos con las cartas del Tarot, se los debemos a Etteilla.

Otra importante figura en la historia del Tarot es Alphonse Louis Constant, quien publicó sus obras bajo el seudónimo de Éliphas Lévi, y que

1

fue el primero en vincular las cartas de Tarot (los arcanos mayores) con el alfabeto hebreo en su obra magna, *Dogme et Rituel de la Haute Magie* (Doctrina y Ritual de la Alta Magia), (1854-56). A lo largo del siglo XIX otros esoteristas franceses se ocuparon del Tarot, y distintos cartománticos, entre los que se destacó Marie Anne Adelaide Lenormand lo utilizaron para predecir el futuro de sus consultantes.

Aunque también se imprimía en otras partes de Europa, en esa época el Tarot era un producto típicamente francés, y los esoteristas franceses fueron los primeros en vincularlo con diferentes sistemas herméticos. No fue sino hasta finales del siglo XIX que el Tarot comenzó a interesar a los esoteristas ingleses, especialmente a aquellos pertenecientes a la Hermetic Order of the Golden Dawn. La Golden Dawn (Aurora Dorada) usaba el Tarot como una herramienta ritual/adivinatoria y sus miembros crearon su propia baraja, que sólo era utilizada por ellos.

En 1909, un miembro de la Golden Dawn, que para ese entonces ya había cesado de existir, Arthur Edward Waite, publicó una baraja de Tarot que se convertiría en el Tarot más popular de nuestros tiempos. Esa baraja es conocida como el Tarot Rider-Waite-Smith (RWS), por los nombres de su editor (Rider), su creador (Waite) y su dibujante y cocreadora (Pamela Colman-Smith). Su mayor diferencia con el Tarot de Marsella es que los Arcanos Menores están ilustrados con imágenes que hacen más sencilla su interpretación, también la numeración de dos de los arcanos mayores, La Justicia y La Fuerza está invertida.

Desde ese entonces, el Tarot se ha esparcido por el mundo y se han publicado miles de diferentes barajas de Tarot, algunas basadas en el Tarot de Marsella, otras siguiendo el Tarot RWS, o basadas en distintos sistemas herméticos.

Hoy en día muchas personas usan el Tarot, no sólo con propósitos adivinatorios, pero también como una herramienta para la expresión del inconsciente y una ayuda para la meditación y la toma de decisiones.

Cuando el Tarot se utiliza en relación con el amor, este puede proporcionar información sobre nuestras tendencias, potencialidades y limitaciones en el campo de las relaciones humanas y el amor, como así también sobre los posibles tipos de personas que pueden entrar en contacto con nosotros y sus características.

Los significados asociados a las cartas del Tarot que muestra este libro pueden aplicarse al Tarot de Marsella y al Tarot Rider-Waite-Smith

(RWS), como también a la mayoría de los mazos de Tarot cuya distribución de las cartas sigue el patrón del Tarot de Marsella.

Las cartas mostradas en este libro son de un Tarot de Marsella tradicional de principios del siglo XVIII, que hemos reproducido fielmente, sin retoque alguno, para conservar el carácter original que tenían los mazos de Tarot impresos a la antigua usanza[1].

---

1   Los primeros mazos de Tarot, creados en el norte de Italia en el siglo XV, eran obras exquisitas, pintadas a mano por artistas para clientes de la aristocracia. Sólo cuando los mazos de Tarot pasaron a imprimirse con moldes de madera (xilografía), lo que abarató su costo, alcanzaron la popularidad. En ese entonces (siglos XVII, XVIII y parte del siglo XIX) las barajas, después de imprimirse con métodos xilográficos, se coloreaban situando sobre ellas plantillas diferentes para cada color, que permitían pintar las cartas a mano de una forma rápida. Las cartas producidas de esta forma mostraban numerosas imperfecciones, como colores fuera de sitio y zonas mal impresas, lo que las hacía únicas, no había dos mazos que fueran exactamente iguales.

Como interpretar las tiradas de Tarot

Este libro muestra los significados de las cartas del Tarot, tanto generales, como directamente relacionados con el amor. Sin embargo es importante entender que las cartas no deben interpretarse como elementos aislados, sino como partes de un todo. Ese todo es la lectura o tirada de Tarot.

Cuando tiramos las cartas, éstas se distribuyen de distinta forma, según el patrón de tirada que utilicemos. Hay muchos tipos de tiradas de Tarot diferentes, cada una con su propio propósito y estilo. Aquí presentamos algunas de las tiradas de Tarot más comunes:

- *Tirada de tres cartas*: Esta es una de las tiradas de Tarot más simples. Consiste en sacar tres cartas, que representan el pasado, el presente y el futuro. Esta tirada es útil para obtener una visión general de una situación o problema específico, y es la que usaremos para ejemplificar cómo interpretar las cartas de Tarot (aunque nosotros no relacionamos las tres cartas con el pasado, presente y futuro).

- *Tirada de la cruz celta*: Esta es una tirada más compleja que utiliza 10 cartas para proporcionar una lectura más detallada. Esta tirada incluye cartas que representan el pasado, el presente, el futuro, los obstáculos, las influencias externas, los temores, las esperanzas y el resultado final.

- *Tirada Thot o Golden Dawn*: Aunque muchas veces es llamada tirada Golden Dawn, esta tirada originalmente apareció en el pequeño libro blanco que acompaña al mazo diseñado por Aleister Crowley, el Tarot Thot. Utiliza 15 cartas, divididas en cinco tríos, que representan: la situación actual, lo que puede cambiarse, lo que no puede cambiarse (karma) y dos futuros diferentes, ya sea relacionados o alternativos. Esta tirada utiliza el sistema de las dignidades elementales, en lugar de las cartas invertidas, para determinar el estatus de cada carta.

- *Tirada de la rueda astrológica*: Esta tirada utiliza 12 cartas, cada una representando un signo del zodiaco y una casa astrológica. Esta tirada es ideal para obtener una comprensión más profunda de las energías cósmicas que influyen en nuestra vida.

Estas son solo algunas de las muchas tiradas de Tarot que existen. Cada una de ellas puede ser útil en diferentes situaciones y para diferentes propósitos, por lo que es importante elegir la tirada adecuada para nuestra situación específica, o simplemente aquella que nos guste más.

En realidad, lo más importante no es qué tirada elegimos, sino como interpretamos todas las cartas de una lectura en su conjunto. Las cartas no son entes aislados, sino que aquellas que están lado a lado se influyen entre sí, y la trama que forman todas las cartas de una tirada describe una historia que nosotros tenemos que hilvanar. Si no somos capaces de hacer eso, sólo veremos una serie de significados aislados, que incluso muchas veces pueden ser contradictorios, y que no aclararán la situación que representa la tirada.

Podemos pensar en las tiradas de Tarot como obras teatrales, con distintos personajes (las cartas de la corte: Sota, Caballero, Reina y Rey) y con múltiples tendencias, algunas positivas y otras nocivas. Los Arcanos Mayores (cartas I-XXI y el Loco, que en el Tarot de Marsella está sin numerar y en otros mazos tiene el número 0) indican las principales fuerzas en juego y las diez cartas numeradas de los cuatro palos: Bastos, Copas, Espadas y Oros complementan la tirada con más detalles.

Posiblemente la forma más práctica para aprender a interpretar las tiradas del Tarot sea viendo ejemplos concretos. Todos los ejemplos que ofrecemos constan de tríos, es decir grupos de tres cartas, porque esa es la forma más sencilla para entender como las cartas interaccionan entre sí; si usáramos mas cartas complicaríamos innecesariamente nuestra interpretación de la tirada; pero para dar nuestros primeros pasos en el Tarot debemos concentrarnos en lo esencial.

Al acomodar las cartas en tríos horizontales, la carta central siempre es la más significativa, apunta al núcleo de la situación. Las cartas invertidas se indican con la abreviatura Inv., junto al nombre de la carta.

Veamos algunos ejemplos, que aclararán el tema.

PRIMER EJEMPLO

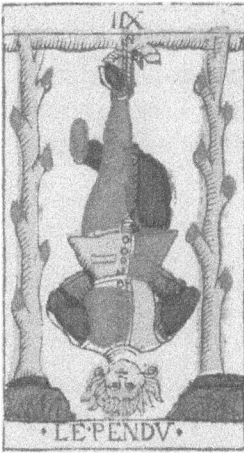

XII El Colgado	Sota de Copas	5 de Oros
Indecisión, suspensión de toda acción	Proposición, nacimiento de un sentimiento	Indigencia, privaciones; amantes

Interpretación: La Sota de Copas, que está situada en el centro de esta tirada, y por ello es la carta más importante, simboliza a una persona joven, sensible y amable, que quiere entrar en nuestra vida y nos hace una proposición, aunque también puede indicar el nacimiento de un sentimiento en nosotros mismos. Esta carta es un llamamiento al amor. Si ya estamos en una relación con alguien, la Sota de Copas puede indicar una proposición de matrimonio o al menos, de elevar la relación al próximo nivel.

Por otro lado, la carta situada a la izquierda, El Colgado indica que estamos recluidos en nosotros mismos, tratando de decidir qué hacer, quizás renuentes a arriesgarnos en las lides del amor. Esta no es una posición sostenible a largo plazo, estamos expuestos, nuestra renuencia a involucrarnos sentimentalmente es de conocimiento público. Pero dado que El Colgado indica introspección extrema, no seremos nosotros quienes demos el primer paso, sino que la Sota de Copas va a llamar a nuestras puertas.

Si ya estamos en pareja, El Colgado sugiere que estamos excesivamente concentrados en nosotros mismos, en este caso la Sota de Copas es un llamado de atención para que le prestemos más atención a nuestra pareja y le abramos nuestro corazón.

La tercer carta, que completa esta tirada, es el Cinco de Oros, que es una carta que tiene dos aspectos, por un lado indica penurias económicas e indigencia, y por el otro buena suerte en el amor. Teniendo la Sota de Copas en el centro, es claro que en esta tirada, el Cinco de Oros significa buena suerte en el amor, amantes. Esta carta puede indicar, ya sea una nueva relación, o la reavivación de una relación que habíamos descuidado (cosa que parece indicar El Colgado) .

Segundo ejemplo

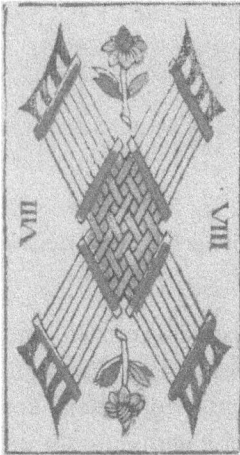

8 de Bastos	XIX El Sol	6 de Copas (inv.)
Grandes esperanzas, cosas que suceden rápidamente	Triunfo, felicidad conyugal	Renuencia a los cambios, malas influencias

Interpretación: La carta central, El Sol, es una de los arcanos mayores más positivos, nos promete felicidad y claridad mental que nos permitirá eliminar toda duda, y conseguir lo que anhelamos. También es una carta de amor y hermandad, propicia para todas las relaciones sociales, incluidas las amorosas.

Si ya estamos en una relación, El Sol sugiere una fase expansiva y feliz, con excelente comunicación. Esta carta refleja una relación de pareja floreciente, con una gran cantidad de energía y vitalidad, que nos permite disfrutar de la intimidad, pasión y armonía de nuestra relación. Si tuviéramos algún conflicto con nuestra pareja, podremos solucionarlo.

La carta situada a la izquierda, el Ocho de Bastos, sugiere que estamos llenos de energía, muy animados por un nuevo amor o por planes que queremos llevar adelante. Las cosas se precipitan y puede que tomemos decisiones apresuradas o viajemos, dado que esta carta también significa viaje o misivas de amor. Dado que se encuentra junto a El Sol, podemos concluir que cualquier relación que tengamos o que queramos establecer, se desarrollará rápidamente, porque nuestro entendimiento y comunicación con nuestra pareja (actual o futura) es fluido y claro.

La tercer carta, el Seis de Copas invertido, no es propicia, aunque tampoco es demasiado grave. Sugiere que a veces nos auto-limitamos, que nos resistimos a mirar para adelante y nos resistimos al cambio. También indica malas influencias, amistades de poco valor que nos perjudican, o quizás malos hábitos que arrastramos del pasado. Esta carta introduce demoras, pero de ninguna manera puede contrarrestar la pujanza de El Sol, como mucho empañar y retrasar un poco nuestra felicidad. Pero esta carta nos enseña que si queremos disfrutar en plenitud del presente, debemos dejar atrás los malos hábitos y relaciones tóxicas del pasado.

TERCER EJEMPLO

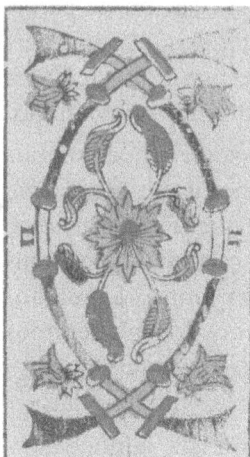

Dos de Espadas (inv.)   6 de Espadas   As de Oros
Conflicto, traición   Superación de   Felicidad y bienestar
                               las dificultades

Interpretación: Como podemos ver las espadas predominan en esta tirada, lo que usualmente no se considera bueno para el amor, ya que las espadas se relacionan primariamente con el intelecto y el conflicto. Pero, pese eso, las espadas pueden describir muy bien muchas relaciones humanas y ciertos períodos de nuestra vida. En este caso, tenemos a el Seis de Espadas en el centro, carta que indica progreso, superación de las dificultades, cambio de escenario. Esta carta también nos dice que debemos ampliar nuestros horizontes y evolucionar espiritualmente para poder superar los conflictos interpersonales que nos afectan. La enseñanza del Seis de Espadas es que podemos y debemos dejar atrás las relaciones tóxicas, y para lograr esto la mejor forma es crecer espiritualmente, para quedar fuera del alcance de las personas que nos perjudican. Por ese motivo esta carta se relaciona con los viajes por agua; el viaje sugiere alejamiento y también marca un límite claro entre las dos costas separadas por el agua.

A la izquierda tenemos al Dos de Espadas; invertida, como aquí se presenta, esta carta indica discordia, descontrol, traición, mentiras, deslealtad y falsos amigos. Por ese motivo, mencionamos las relaciones tóxicas en el párrafo anterior; esta tirada nos dice que debemos separarnos de y abandonar a quienes nos perjudican. Si ya estamos en pareja, estas dos cartas que hemos mencionado sugieren una separación, aunque no es posible decir si será definitiva o temporal. El Dos de Espadas invertido también nos dice que debemos balancear nuestra vida, que está fuera de control, y a veces es preciso tomar distancia para poder ver las cosas en perspectiva y recuperar nuestro equilibrio emocional.

La tercer carta, el As de Oros es muy positiva. Todos los ases prometen nuevos comienzos, y el As de Oros indica un período de seguridad, satisfacción y abundancia. En el ámbito del amor, y relacionando a esta carta con las dos anteriores, aquí vemos el resultado del crecimiento espiritual, obtenido al seguir un nuevo camino, que nos lleva del conflicto (Dos de Espadas) a la felicidad y la tranquilidad (As de Oros). Por supuesto, el As de Oros también implica abundancia material, algo que nos ayudará a estabilizar nuestra nueva vida.

Cuarto ejemplo

XVII La Estrella	5 de Copas	8 de Copas
Perspicacia, inspiración, esperanza	Desilusión, lamento, pérdida	Vagabundeo, relación abandonada

Interpretación: La carta central, el Cinco de Copas se asocia con la decepción, la pérdida y el pesar. En el amor, puede indicar duelo por la pérdida de una persona, arrepentimiento por los errores cometidos que nos llevaron a perder a alguien, o una desilusión con alguien con quien estábamos íntimamente vinculados. Por ser la carta central, estos significados indican nuestra situación actual o futura, ahora veamos como las cartas vecinas describen la evolución de esta situación.

La Estrella indica claridad de visión e inspiración, que son las cualidades requeridas para poder salir de la depresión que el Cinco de Copas simboliza. Lo que necesitamos para sobrellevar nuestra pérdida o desilusión es más claridad mental, si abrimos nuestros ojos veremos que hay posibilidades que no imaginábamos, pero mientras sigamos con la mirada clavada en la tierra, lamentando lo que hemos perdido, no podremos ver el camino que nos sacará del marasmo emocional en el que nos encontramos. Por eso se dice que La Estrella nos promete ayuda, que recibiremos cuando menos la esperemos, pero esa ayuda sólo la podremos aprovechar si tenemos los ojos abiertos.

La tercer carta, el Ocho de Copas, completa nuestra interpretación. Esta carta indica que nos estamos recuperando de un desengaño amoroso y nuestra situación es inestable. Todavía no decidimos qué queremos hacer con nuestra vida y estamos buscando nuevas opciones. Se dice que esta es la carta del peregrino, porque indica una búsqueda de significado, de valores más altos para orientar nuestra vida. Podemos ver que esta carta nos señala lo que debemos hacer para poder recibir la inspiración que La Estrella promete. Si nuestra relación de pareja actual sólo nos trae amargura, o si no sabemos como superar nuestros problemas, esta carta nos anima a dejar atrás los sentimientos o las personas que nos hacen sufrir y a buscar un nuevo camino. El hecho de que La Estrella también sea parte de esta tirada nos da esperanza de que podremos encauzar nuestra vida mejor y recuperar la felicidad perdida.

De todo lo que hemos dicho se desprende que esta tirada no nos promete felicidad ni soluciones instantáneas de nuestros problemas, sino que simplemente nos muestra como superar una mala situación. Asimismo, tampoco debemos olvidar que La Estrella es la carta de la esperanza, y nos promete que alguien nos tenderá la mano para ayudarnos a superar nuestra tristeza.

QUINTO EJEMPLO

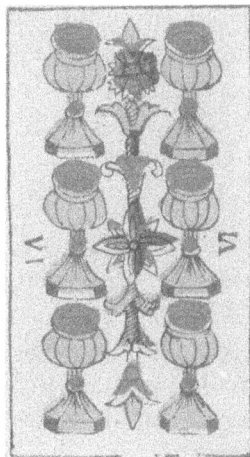

6 de Copas	VI Los Enamorados (inv.)	Reina de Copas
Nostalgia, influencias del pasado	Buena elección, unión, matrimonio	Seductora, intrigante

Interpretación: El VI° arcano, en la posición central, Los Enamorados, significa buena elección, unión, matrimonio. Esta carta, en el Tarot de Marsella muestra a un hombre entre dos mujeres, que aparentemente se lo disputan (el Tarot RWS sólo muestra una pareja, es decir, muestra la consecuencia final, no la elección previa). El significado usual es que el enamorado debe elegir bien (el título original de esta carta en francés es *L'Amoureux*, es decir "el enamorado"), siguiendo su corazón. Esta carta nos indica que debemos armonizar nuestros sentimientos con el mundo exterior.

Las dos cartas vecinas nos ayudan a entender las influencias que afectan al "enamorado" (que posiblemente sea el consultante).

El Seis de Copas está relacionado con la nostalgia y los recuerdos del pasado. En cuanto al amor, esta carta puede indicar que estamos recordando a un viejo amor o que una amistad o amor del pasado vuelve a presentarse en nuestras vidas. Esta carta sugiere influencias positivas del pasado, felicidad o amor que viene del pasado. Estas influencias pueden ser interiores (nostalgia, recuerdos del pasado) y/o exteriores (como un viejo amor o amistad que vuelve a nuestra vida).

Por otro lado, la carta situada a la derecha, la Reina de Copas, está invertida, lo que se refiere a una mujer que quiere manipularnos para su propia diversión, sin preocuparse por nuestro bienestar; pero desde el punto de vista psicológico, esta carta también sugiere que estamos inseguros y no sabemos como exteriorizar nuestra emociones, lo que nos hace actuar con hostilidad y encerrarnos en nosotros mismos.

En resumen, aquí tenemos varias posibles interpretaciones:

El Seis de Copas es alguien que vuelve de nuestro pasado, y la Reina de Copas (inv.) es una seductora rompe-corazones que intenta controlarnos. La elección no es difícil, por un lado tenemos felicidad y una unión perdurable, y por el otro un espejismo, que puede ser placentero, pero no durará, o, si perdura, puede convertirse en pesadilla, porque la Reina de Copas invertida no presagia nada bueno, mientras que el Seis de Copas indica buenas influencias.

Por otro lado, si vemos la tirada desde un punto de vista mas bien psicológico, por un lado tenemos nostalgia, recuerdos del pasado, y por el otro desconfianza, renuencia a manifestar nuestros sentimientos (la Reina de Copas invertida). En el centro, Los Enamorados indican una gran atracción hacia cierta persona, pero nuestra desconfianza no nos permite manifestar nuestros sentimientos, preferimos deleitarnos en los recuerdos de nuestro pasado antes que tomar acción en el presente. En este caso, la interpretación sería que tenemos una muy buena oportunidad de unirnos afectivamente a alguien (incluso matrimonio), pero nuestras dudas y añoranzas demorarán o impedirán su concretización.

También podríamos ver al Seis de Copas como una persona que viene del pasado, y a la Reina de Copas (inv.) como un símbolo que representa nuestras dudas y temores, que nos hacen rechazar a quienes se acercan a nosotros.

En resumen, alguien de nuestro pasado volverá a nuestras vidas, quizás otras personas interfieran, o nuestras dudas nos detengan, pero no debemos desperdiciar esta oportunidad.

Sexto ejemplo

8 de Espadas (inv.)	2 de Oros	4 de Espadas
Liberación	Incertidumbre, altibajos	Retirada, soledad

Interpretación: La carta central, el Dos de Oros se refiere a una actitud o una relación ambivalente. Referida a una relación con una persona, significa que esta es inestable, oscilando entre la calidez y el desprecio, lo que nos perturba y confunde bastante. Por supuesto, puede que tampoco nosotros estemos completamente decididos y no separamos si debemos intentar llevar la relación al siguiente nivel o, en cambio, descartarla.

Afortunadamente el Ocho de Espadas (inv.) indica que las cosas finalmente se aclararán, superaremos la confusión que nos envuelve —y los manejos de otras personas— y veremos las cosas claramente. Cuando recuperemos nuestra libertad de pensamiento y acción podremos superar la indecisión que nos empantana.

La tercer carta, el Cuatro de Espadas, nos muestra como llevar a cabo lo que el Ocho de Espadas (inv.) nos promete. Esta carta indica un tiempo de retiro y soledad, cuando nos alejamos temporalmente de nuestras relaciones y tratamos de calmarnos, meditando y viendo las cosas de una nueva perspectiva.

En resumen, para poder ver las cosas más claramente necesitamos calmarnos, tomar un poco de distancia de una relación complicada. Nada en esta tirada promete una relación sostenible, más bien lo contrario. Posiblemente tomar distancia y liberarnos sea la mejor opción.

Por supuesto, una interpretación alternativa podría ser que estamos pasando por un período de poca claridad e incertidumbre en nuestra vida, en ese caso la tirada no se referiría a una relación problemáticamente en particular, sino a un período durante el cual no podemos lograr gran cosa en el campo del amor, porque nos falta claridad.

Tengamos en cuenta que ambas interpretaciones no son excluyentes, ya que pueden ser complementarias.

SÉPTIMO EJEMPLO

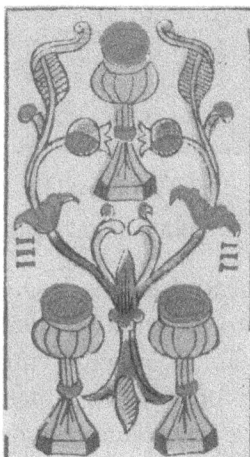

XIV La Templanza	3 de Copas	XV El Diablo
Armonía, tolerancia	Abundancia, disfrute de la vida	Mala relación, fuerza mayor

Interpretación: La carta central, el Tres de Copas representa abundancia, celebración, amistad y conexión emocional con nuestros amigos y seres queridos. En el amor, esta carta puede significar una relación feliz y satisfactoria donde las partes se sienten emocionalmente conectadas. Puede indicar una celebración o evento feliz en la familia, como un compromiso, un aniversario o incluso una boda.

Lo que hace complicada la interpretación de esta tirada —al menos a primera vista— son los dos arcanos mayores que flanquean al Tres de Copas. Veamos como podemos conciliarlos.

La Templanza primariamente indica moderación; en el plano material, y tratando de relacionar esta carta con la celebración que el Tres de Copas sugiere, indicaría abstención o consumo moderado de alcohol, o frugalidad en el comer, en un festejo. En cuando a las relaciones inter-personales, esta carta indica armonía, tolerancia y muy buena relación con las demás personas, e incluso puede significar matrimonio.

Hasta aquí todo es positivo, las dos cartas que hemos visto nos pintan un panorama de armonía y felicidad en una familia o un grupo de amigos; la tercer carta, El Diablo, sin embargo complica el panorama.

El Diablo, por un lado (el negativo) indica malas influencias (tanto de personas, como de obsesiones que podemos tener, drogas o alcohol). Pero por otro lado también se relaciona con los influjos irresistibles, que en el Tarot se denominan fuerza mayor, es decir, una circunstancia imprevisible e inevitable que nos impide hacer algo o que nos obliga a seguir cierto curso de acción, y que no es forzosamente mala, solo irre-sistible. Es decir que El Diablo también puede indicar la fuerza del des-tino, algo que no podemos controlar. Ese "algo" puede ser una pasión que surge en nuestro interior o una influencia exterior.

Veamos varias interpretaciones posibles:

Podemos considerar a los dos arcanos mayores que flanquean al Tres de Copas como los dos polos de una situación: uno de armonía y el otro de excesos. Desde ese punto de vista, esta tirada puede indicar una rela-ción basada en el disfrute de las buenas cosas de la vida (carta central), pero que oscila desde la armonía (tolerancia y moderación) al exceso (egoísmo y descontrol extremo). Casi no es necesario aclarar que este tipo de relación puede ser muy desgastante y no parece ser sostenible a largo plazo.

También podemos ver las tres cartas en una progresión temporal. Ini-cialmente partimos de una relación armónica y feliz (La Templanza y el Tres de Copas), pero en un momento ingresa una nueva influencia que cambia todo y no sabemos adonde nos va a llevar, es El Diablo en el sentido de "fuerza mayor". Puede ser una pasión que nos arrastra o una persona que nos abre la puerta a un nuevo mundo, atemorizador, pero irresistible. Parafraseando a J. L. Borges (aunque con una pequeña modificación): "El camino es fatal como la flecha. Pero en las grietas está el Diablo, que acecha". El resultado final es impredecible, a menos que otras cartas lo aclaren.

OCTAVO EJEMPLO

Caballero de Copas	9 de Bastos	9 de Oros (inv.)
Proposición, oportunidad	Pausa en la lucha	Decepción, robo

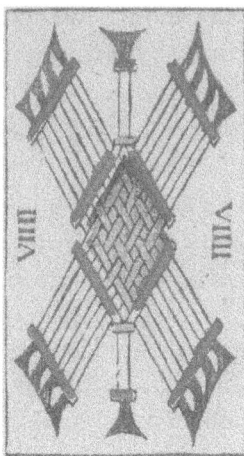

Interpretación: La carta central, el Nueve de Bastos, indica perseverancia y resistencia, sugiriendo que hemos atravesado un período conflictivo en nuestras relaciones, pero que estamos preparados para superar cualquier obstáculo que se presente en nuestra vida amorosa y de relación social, porque tenemos claros cuales son nuestros deseos. También nos promete que todo terminará bien.

El Nueve de Oros, que flanquea a la carta central, está invertido, lo que aclara la naturaleza de los problemas a los que se refiere el Nueve de Bastos. Sufrimos una decepción, alguien nos engañó, y la rotura de esta relación, que no fue fácil, sino amarga y conflictiva, nos afectó profundamente.

La tercer carta, el Caballero de Copas, lanza un rayo de luz en el panorama un tanto sombrío de esta tirada. En las relaciones humanas, el Caballero de Copas indica un enfoque romántico, en el que el amor y la pasión son los principales motores. Esta carta sugiere la aparición de un hombre sensible, creativo, afectuoso y apasionado, que puede ser un gran compañero sentimental. El Caballero de Copas también nos invita a conectarnos con nuestros sentimientos más profundos y a dejar que la intuición y el corazón nos guíen hacia el amor.

Sin embargo, el Nueve de Bastos nos dice que la influencia positiva del recién llegado, se hará sentir gradualmente, todavía pasará un tiempo hasta que superemos la decepción pasada.

En resumen, después de sufrir una decepción en el amor tendremos una nueva oportunidad, no la dejemos pasar

Una tirada de Tarot dedicada al amor

Ya vimos con anterioridad que hay muchas diferentes tiradas de Tarot. Si buscamos en Internet u hojeamos diferentes libros de Tarot, podemos encontrar una gran variedad al respecto.

Aquí ofrecemos una tirada relativamente sencilla, enfocada en el amor. Aunque agrupamos las cartas en tres tríos, siguiendo el patrón de la tirada Thot o Golden Dawn, no utilizaremos las dignidades elementales (que sólo trabajan con cartas al derecho), sino que combinaremos cartas al derecho e invertidas.

Dejaremos al lector elegir el método que prefiera para barajar las cartas (siempre y cuando este permita que algunas cartas se inviertan). El método más sencillo es esparcir las cartas sobre la mesa y, extendiendo las manos sobre las cartas, mezclarlas de tal forma que roten y se combinen al azar.

Después de barajadas, las cartas se dispondrán sobre la mesa siguiendo este esquema:

TENDENCIA ACTUAL

EXPECTATIVAS,
DESEOS Y TEMORES

CIRCUNSTANCIAS Y
FACTORES EXTERNOS

Cuando cotejemos una carta con las cartas contiguas (para determinar qué significados aplicaremos), lo haremos dentro de cada uno de los

Un ejemplo de la tirada del amor

Rey de Oros

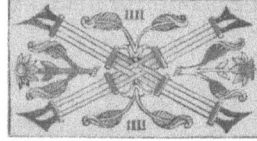

4 de Bastos

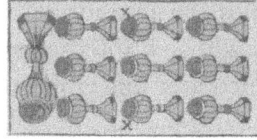

10 de Oros

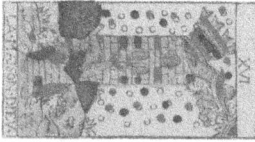

Rey de Copas

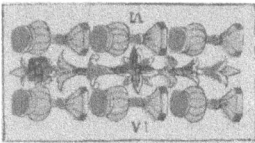

6 de Copas

XVI La Torre (inv.)

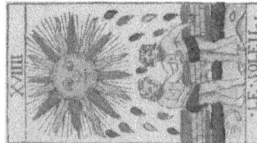

XIX El Sol

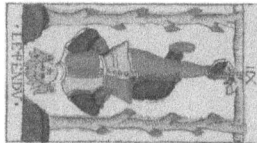

XII El Colgado (inv.)

8 de Espadas

tríos, que analizaremos como si fueran entidades independientes, para simplificar el proceso interpretatorio.

Como podemos ver en la figura de la página 19, en esta tirada, el trío superior indica la tendencia actual, hacia donde vamos, que es algo que podemos modificar con nuestras acciones, y que simplemente sugiere lo que puede pasar en el futuro.

El trío inferior izquierdo indica nuestras expectativas, deseos y temores, es decir el aspecto emocional y espiritual de nuestras relaciones sociales.

El trío inferior derecho se refiere a las circunstancias y factores externos y al aspecto puramente objetivo de nuestras relaciones amatorias/sociales, aquí pueden aparecer nuestros allegados, quienes están cerca de nuestro corazón, aunque también pueden presentarse nuestros enemigos.

Ejemplo de la tirada del amor

Comenzaremos por el trío inferior izquierdo, que indica nuestras expectativas, deseos y temores. En el centro vemos a El Colgado, invertido, lo que indica una tendencia a dejar todo para mañana, complaciéndonos con ilusiones gratificantes a corto plazo, pero que no nos sirven para nada útil y solo acrecientan nuestro aislamiento. Es decir que nuestra vida emocional está estancada.

A la izquierda aparece el Ocho de Espadas, que explica porqué estamos estancados. Esta carta sugiere que estamos paralizados porque no vemos las cosas con claridad, posiblemente estamos atrapados en una relación insatisfactoria, aunque también es posible que nos engañemos a nosotros mismos, negándonos a reconocer la realidad, lo que nos obligaría a hacer algo concreto para solucionar nuestros problemas.

La tercer carta en este trío es muy positiva. El Sol, disipa las tinieblas y permite ver las cosas claramente. Esta carta indica curación, lo que nos dice que podemos restablecer nuestra claridad mental y gozo de vivir, pero solo si afrontamos la realidad honestamente y nos sacamos la venda de los ojos.

Pasando al trío inferior derecho, que se refiere a los factores externos, la carta central, el Cuatro de Bastos, como todos los cuatro, indica estabilidad. Otros significados son paz, armonía, matrimonio y sociedad.

A su izquierda vemos el Diez de Oros, lo que clarifica bastante a la carta anterior. El Diez de Oros es una carta relacionada con la familia en el sentido amplio, es decir, más que la familia nuclear, la familia extendida. Esta carta promete seguridad material, dominios y acrecentamiento de la riqueza. Al aunar los significados de estas dos cartas queda claro que gozamos de estabilidad material y que no estamos solos, sino que nuestra familia nos apoya, que tenemos un fundamento sólido —desde el punto de vista material— en la vida.

La tercer carta, el Rey de Oros puede referirse a una persona, quizás el jefe de familia, alguien firme, capaz, confiable y experimentado, que nos apoya. También puede indicar las cualidades que tenemos, lo que reafirma el mensaje de este trío: tenemos un fundamento sólido y no estamos solos, aunque emocionalmente no lo sintamos así (como indica el trío de la izquierda).

Finalmente, el trío superior central tiene al Seis de Copas en el centro, que está relacionado con la nostalgia y los recuerdos del pasado. En cuanto al amor, esta carta puede indicar que estamos recordando a un viejo amor o que una amistad o amor del pasado vuelve a presentarse en nuestras vidas.

Lamentablemente, a su derecha aparece La Torre, invertida, que indica una relación insatisfactoria, que no podemos mejorar ni abandonar. También puede sugerir incapacidad de compartir los propios sentimientos y de comunicarnos con otros. Estos significados nos recuerdan al mensaje de las cartas del trío inferior izquierdo; ahora, mientras las cartas del trío inferior izquierdo se referían a nuestra situación psicológica, aquí vemos, en La Torre (inv.) el concomitante externo de esos sentimientos, una relación tóxica que nos apresa como una cárcel.

Al otro lado del Seis de Copas, tenemos al Rey de Copas, que extiende su copa ofreciendo una salida a esta mala situación, y prometiendo sanación de nuestras penas de amor. El Rey de Copas se asocia con la madurez emocional, los sentimientos profundos y sinceros, frecuentemente se lo relaciona con un terapeuta o un psicólogo. Llevado al campo del amor, esta carta puede indicar una relación estable, llena de afecto y compromiso emocional, y como está flanqueando al Seis de Copas, sería alguien que ya conocimos en el pasado. Esta carta también se asocia con la comprensión y la empatía, lo que sugiere que en una relación, ambas partes pueden comunicarse de manera efectiva y comprender las necesidades del otro.

Para concluir con la interpretación de esta tirada, podemos analizarla de dos formas diferentes, una enfocada hacia factores externos (como una relación tóxica) y otra psicológica, que apunta a nuestras propias falencias, aunque por supuesto también podemos combinar ambas interpretaciones.

La interpretación "externa" sería que estamos atrapados en una relación tóxica, pero nuestra familia nos ofrece su soporte y tenemos los medios materiales para liberarnos de esta persona cuando así decidamos hacerlo. Quizás necesitemos ayuda para poder salir adelante y dejar atrás las dependencias tóxicas, pero el Rey de Copas no sólo simboliza a alguien que nos ayuda, sino que indica el camino a seguir para tener una vida emocional más plena, es decir, alcanzar la madurez emotiva.

Si analizamos esta tirada desde el punto de vista psicológico, también estamos atrapados, pero por nuestros miedos y prejuicios, que nos impiden ver con claridad la realidad y nos obligan a repetir una y otra vez nuestros viejos patrones de comportamiento que no nos permiten ser libres ni felices. Aquí, el Rey de Copas podría ser un psicólogo, o una figura paternal benevolente, que nos ayuda a esclarecernos a nosotros mismos y a tener una vida más plena. El Rey de Copas se asocia con la intuición y la inteligencia emocional, y esas son las cualidades que debemos cultivar en nosotros mismos.

En ambos casos, necesitaremos ayuda para superar nuestro problemas, en lo emocional tenemos al Rey de Copas, y en lo práctico, nuestra familia nos apoya.

Aplicación práctica

Los ejemplos que hemos visto nos ofrecen una idea práctica de como puede compaginarse el "tema" de una tirada. Animamos al lector a probar, no sólo la tirada del amor que hemos descrito, sino también otras diferentes, hasta encontrar su preferida.

Muchas veces es difícil elegir cuál de los significados asociados a una carta se deben enfatizar, y como vimos, eso sólo se puede hacer usando las cartas vecinas, porque las cartas se influyen recíprocamente. Los ejemplos presentados previamente, en la forma de distintos tríos de cartas explican de manera practica ese proceso.

Consideramos que agrupar las cartas en tríos es la mejor forma para entender como las cartas interaccionan entre sí; si usáramos mas cartas complicaríamos innecesariamente nuestra interpretación. Al usar tres cartas, muchas veces podemos aplicar el método dialéctico, que consiste en tesis (carta central), antítesis y síntesis, lo que facilita el análisis de la interacción de las cartas, otras veces las cartas se potenciarán entre sí.

Al principio, obtener el "tema de la tirada" parece ser algo muy difícil, solo veremos un grupo de cartas, cada una con su propio significado, que a veces son difíciles que integrar en un todo coherente, por eso es importante enfatizar la importancia de la práctica para poder interpretar las tiradas del Tarot con fluidez. La práctica no sólo es necesaria para memorizar los significados de las cartas, que es el primer paso, sino, para que seamos capaces de interpretar las tiradas en su conjunto, y para que podamos relacionar las cartas entre sí de modo tal que sepamos cual de los muchos significados que tiene cada carta se aplica y entendamos como interaccionan entre sí.

Otro detalle que muchas veces es pasado por alto por el tarotista que recién se inicia en el arte de tirar las cartas, es que estas, en cierta forma son como las personas, tienen virtudes y defectos. Generalmente los defectos se asocian con la carta en la posición invertida (especialmente en las cartas de la corte), pero en realidad, cuando aplicamos cualquier carta del Tarot a una persona, debemos tomar en cuenta el rango total de significados de la carta, tanto buenos como malos, como descripción de esa persona, o de su comportamiento, de sus puntos fuertes y sus flaquezas. Por supuesto, dependiendo de la posición de la carta (al derecho o invertida), la persona que la carta describe se manifestará de una u otra forma, es decir predominarán sus virtudes o sus defectos. Pero siempre debemos tomar en cuenta la suma total de significados de la carta, para entender en profundidad a la persona o situación que esta describe.

Si perseveramos en el estudio del Tarot y en la práctica de sus tiradas, poco a poco seremos capaces de sacar conclusiones claras de las cartas de una forma intuitiva, pero para que esta intuición sea válida, primero tenemos que estar completamente familiarizados con sus significados y el proceso adivinatorio, por eso es tan importante hacer tantas tiradas como sea posible, aunque no preguntemos nada en especial, es decir que serán tiradas "de entrenamiento", sin aplicación concreta. ¡Aunque no dejarán de mostrarnos vislumbres de nosotros mismos!

Los Arcanos Mayores

0. El Loco[1]

Significado adivinatorio
Espontaneidad, audacia, extravagancia. Negligencia, poca reflexión, volubilidad, indiscreción. Inseguridad, abandono voluntario de los bienes materiales. Comienzo de una aventura o un viaje. Libertad de las convenciones y normas. Mantener las opciones abiertas. Renunciar al control. Atención al aquí y ahora. Mensaje: seguir en movimiento.

Invertida
Falta de sentido común, pasión, obsesión, locura, insensatez, impulsividad, influenciabilidad. Inquietud, falta de propósito, dificultad para planificar. Viaje obstaculizado. También puede indicar linfatismo, hinchazón y abscesos.

El Loco es una carta que a menudo se interpreta como la representación de la libertad, la espontaneidad, el cambio y la aventura. En el contexto del amor, esta carta puede significar que estamos buscando experimentar nuevas emociones y sensaciones en nuestras relaciones románticas, y estamos dispuesto a arriesgarlo todo en nuestra búsqueda del amor.

El Loco nos sugiere que este es un buen momento para buscar nuevas experiencias en el amor y ser más aventureros en nuestras relaciones. Puede ser la ocasión idónea para explorar nuevas actividades, lugares y personas que nos permitan expandir nuestros horizontes emocionales y descubrir nuevos aspectos de nosotros mismos.

Por otro lado, si estamos en una relación, El Loco puede indicar que necesitamos romper la rutina y la monotonía de nuestra vida amorosa. Tal vez sea hora de hacer algo emocionante y diferente con nuestra pareja, como viajar juntos a un lugar desconocido o probar nuevas actividades que nos lleven a experimentar sensaciones nuevas y emocionantes.

En general, El Loco es una carta que nos recuerda que el amor puede ser una aventura emocionante y que la espontaneidad y la libertad son importantes para mantener viva la pasión y el romance.

Cuando esta carta está invertida indica obsesiones, pasión descontrolada, falta de criterio e influenciabilidad, por lo que podríamos convertirnos en juguetes, tanto de nuestras propias pasiones, como de otras

---

1 Carta sin número en el Tarot de Marsella.

personas. También sugiere que estamos estancados emocionalmente o en una relación, y no podemos avanzar.

I. El Mago

SIGNIFICADO ADIVINATORIO
Originalidad. Iniciativa, centro de acción, voluntad firme y bien dirigida, comienzo de un emprendimiento con las herramientas disponibles, inteligencia espontánea. Posesión de uno mismo, autonomía, emancipación de todo prejuicio. Elocuencia, destreza, habilidad, finura, perspicacia en los negocios. Abogado, orador, diplomático. Poder físico sobre las enfermedades (propias) de orden mental o nervioso.

INVERTIDA
Voluntad débil. Inexperto, incapaz, alguien que no sabe lo que hace. Un ilusionista, intrigante, arribista, político, charlatán, impostor, mentiroso, ladrón, explotador de los ingenuos. Enfermedades del sistema nervioso.

El Mago es una carta que a menudo se interpreta como la representación del poder creativo, la habilidad para manifestar nuestros deseos y la capacidad para influir en los demás. En el contexto del amor, esta carta puede indicar que tenemos la capacidad de tomar el control de nuestra vida amorosa y entablar relaciones significativas y satisfactorias.

Si no tenemos pareja, El Mago puede indicar que estamos en un buen momento para trabajar en nosotros mismos y en nuestras habilidades sociales para atraer a alguien especial. Esta carta nos recuerda que tenemos todo lo que necesitamos para entablar una relación amorosa feliz y satisfactoria, y que debemos confiar en nuestras habilidades y en nuestra intuición para encontrar el camino correcto hacia el amor. Notemos que El Mago aparece frente a una mesa al aire libre, mostrando a todos sus habilidades, de la misma manera, si queremos encontrar nuevas relaciones, debemos abrirnos al mundo y ser participantes activos de la escena social.

Por otro lado, si ya estamos en una relación, El Mago puede indicar que tenemos la capacidad de influir en nuestra pareja de una manera positiva y constructiva. Tal vez necesitemos trabajar en nuestra habilidad para comunicarnos claramente, escuchar activamente y expresar nuestros sentimientos de una manera efectiva para lograr una relación más satisfactoria y duradera.

En general, El Mago es una carta que nos recuerda que tenemos la capacidad de crear nuestra propia realidad amorosa, y que debemos confiar en nuestras habilidades y en nuestra intuición para tomar el control de nuestra vida amorosa y entablar relaciones significativas y duraderas.

Si aparece invertido, El Mago indica que, o bien no estamos a la altura de lo que se necesita para entablar una relación significativa, o bien abusamos de nuestras relaciones con insinceridad y mentiras, creando falsas ilusiones. Si la tirada sugiere que esta carta representa a otra persona, debemos cuidarnos de las mentiras y la deslealtad.

II. La Sacerdotisa / La Papisa

SIGNIFICADO ADIVINATORIO
La puerta del santuario. Sabiduría, silencio, paciencia, discreción (comparte estas virtudes con el IX° arcano mayor, El Ermitaño), reserva, meditación, modestia, resignación y piedad. Respeto a las cosas sagradas. Influencias ocultas (en el arte y el espíritu), misterio, intuición. Saber como poner límites. Maestra. Decisión meditada.

INVERTIDA
Bloqueo emocional. Disimulo, intenciones ocultas, rencor, pereza, intolerancia, fanatismo. Se vuelve pesada y pasiva, es como una carga. Retraso, tensión y torpeza en las relaciones. Decisión no meditada.

La Sacerdotisa es una carta que a menudo se interpreta como la representación de la intuición, la sabiduría interior y una conexión con el mundo espiritual. En el contexto del amor, esta carta puede indicar que necesitamos escuchar nuestra intuición y poner nuestras acciones en sincronía con nuestros deseos más profundos para encontrar respuestas en nuestra vida amorosa.

Si estamos solos, La Sacerdotisa puede indicar que necesitamos tomarnos un tiempo para conectarnos con nuestro ser interior y explorar nuestros verdaderos deseos en el amor. Tal vez debamos ser más selectivos con nuestras elecciones románticas y estar más atentos a las señales intuitivas que nos indican la persona adecuada para nosotros.

Por otro lado, si ya tenemos pareja, La Sacerdotisa puede indicar que necesitamos confiar en nuestra intuición y escuchar nuestros sentimientos internos para resolver cualquier problema en nuestra relación. Tal vez necesitemos ser más conscientes de nuestras necesidades y deseos, y comunicarlos de manera efectiva a nuestra pareja para fortalecer nuestra conexión emocional y espiritual.

En general, La Sacerdotisa es una carta que nos recuerda que necesitamos confiar en nuestra intuición y conectarnos con nuestra sabiduría interior para encontrar respuestas en nuestra vida amorosa. Nos recuerda que, a veces, las respuestas que buscamos no se encuentran en el mundo exterior, sino en nuestro propio ser interior.

Cuando aparece invertida, esta carta indica bloqueo emocional, trabas y disimulos. Si tenemos una relación establecida, puede que está estan-

cada y seamos incapaces de comunicarnos efectivamente con nuestra pareja. Si estamos solos, ello puede deberse a que estamos demasiado concentrados en nosotros mismos. Si queremos entablar nuevas relaciones sociales (concentrémonos en ese paso, sin apurarnos en lograr una relación más íntima) quizás debamos ser más flexibles y tolerantes con los demás y tratar de expresar mejor nuestros sentimientos. Ofrezcamos a otros la misma amplitud de criterio y aceptación que esperamos que ellos nos ofrezcan. No esperemos a que el otro de el primer paso, Abramos nuestro corazón, tendamos la mano a los demás sin esperar nada a cambio.

III. La Emperatriz

SIGNIFICADO ADIVINATORIO
Buen juicio, inteligencia, instrucción, influencia civilizadora. Encanto, cortesía, afabilidad, elegancia. Abundancia, riqueza. Matrimonio, fecundidad, dulzura. Mejoramiento y renovación de la situación. Potencia de acción continua.

INVERTIDA
Afectación, pose, frivolidad, coquetería, vanidad. Desdén, presunción. Lujo innecesario. Sensible a los halagos. Falta de refinamiento. Discusiones en todos los planos. Vacilación, falta de concentración. Esterilidad.

La Emperatriz es una carta que a menudo se interpreta como la representación de la feminidad, la fertilidad y la abundancia. En el contexto del amor, esta carta puede indicar que nos encontramos en un momento de plenitud emocional y estamos listos para recibir amor y cariño en nuestra vida. También indica matrimonio.

Si estamos solos, La Emperatriz puede indicar que este es un buen momento para trabajar en nuestra autoestima y nuestra capacidad para amarnos a nosotros mismos. La carta nos recuerda que tenemos las cualidades necesarias, y que debemos confiar en nuestras habilidades y nuestra cortesía y elegancia para atraer a alguien especial. También puede ser un buen momento para explorar nuestros intereses creativos y expresar nuestra feminidad y sensualidad para atraer a alguien que valore estas cualidades. Por otra parte, La Emperatriz también puede referirse a una persona con las características de esta carta —encanto, cortesía, buen juicio, etc.—, que entra en nuestra vida.

Por otro lado, si ya estamos en una relación, La Emperatriz puede indicar que estamos disfrutando de un momento de armonía y equilibrio emocional con nuestra pareja. Puede ser un buen momento para fortalecer la conexión emocional y física con nuestra pareja, y para trabajar en proyectos creativos conjuntos que nos permitan expresar nuestro amor y creatividad.

En general, La Emperatriz es una carta que nos recuerda la importancia de valorarnos a nosotros mismos y de cultivar relaciones amorosas saludables y equilibradas. Nos enseña que, para recibir amor y cariño

en nuestras vidas, primero debemos aprender a amarnos a nosotros mismos y a expresarnos con cortesía y elegancia, de manera auténtica y genuina.

Cuando esta carta aparece invertida es un llamamiento a trabajar en nuestra empatía y a tratar de conectarnos con los demás, con sinceridad y descartando las apariencias. Evitemos las discusiones y conflictos; no pretendamos que los demás nos sirvan, sino que más bien pensemos que podemos hacer por ellos.

IV. El Emperador

SIGNIFICADO ADIVINATORIO
Poder, liderazgo, autoridad, firmeza, rigor, exactitud, equidad y positivismo. Realización. Protector poderoso. Inteligencia equilibrada que no sobrepasa el terreno utilitario.

INVERTIDA
Testarudez, falta de idealismo, adversario obstinado, megalomanía, abuso de autoridad. Inconsistencia, voluntad débil. Pérdida de control, inestabilidad. Caída, pérdida de los bienes.

El Emperador es una carta que a menudo se interpreta como la representación del poder, la autoridad, la estabilidad y la protección. En el contexto del amor, esta carta puede indicar que tenemos la tendencia a estructurar bien nuestra vida amorosa para sentirnos seguros y protegidos.

Si estamos solos, El Emperador puede indicar que necesitamos establecer límites claros en nuestras relaciones y ser selectivos con nuestras elecciones románticas. La carta nos recuerda que somos una persona con mucho poder y autoridad, y que debemos usar esta energía para atraer a alguien que esté a la altura de nuestras expectativas y que respete nuestros límites y valores.

Por otro lado, si estamos en una relación, El Emperador puede indicar que necesitamos establecer límites claros con nuestras pareja y ser más firmes en nuestras decisiones y acciones. Puede ser un buen momento para trabajar en la comunicación y la resolución de conflictos de manera efectiva, para crear una relación estable y duradera.

En general, El Emperador es una carta que nos recuerda la importancia de establecer límites claros y estructuras sólidas en nuestras relaciones amorosas. Enfatiza que, para crear una relación saludable y duradera, necesitamos tener poder y autoridad sobre nuestras propias vidas y ser selectivos con nuestras elecciones románticas.

Si aparece invertido, El Emperador indica que podemos estar abusando de otras personas, siendo excesivamente controladores y despóticos. En lo emocional indica inmadurez, inseguridad, que enmascaramos abusando de nuestro poder en el trato con otros. Si seguimos por ese camino y no aprendemos a ser más flexibles y tolerantes, terminaremos solos.

V. El Sumo Sacerdote / El Papa / El Hierofante

Significado adivinatorio
Lealtad, organización, respetabilidad. Guía moral, enseñanza, generosidad e indulgencia, mansedumbre. No es una carta fuerte sino que apoya. Iniciación, cambio de mentalidad. Vocación religiosa o científica. Médico, psicólogo; consulta con un especialista.

Invertida
Estrecha adhesión a convenciones y normas obsoletas, un carácter poco flexible, incapaz de adaptarse, fuera de contacto con la realidad. Inmoralidad, hipocresía. Burócrata, jefe sentencioso, moralista estrecho de miras, profesor autoritario, teórico limitado, consejero desprovisto de sentido práctico. Carencia de apoyo espiritual.

El Sumo Sacerdote es una carta que a menudo se interpreta como la representación de la espiritualidad, la moralidad y la sabiduría religiosa. En el contexto del amor, esta carta puede indicar que estamos en busca de una conexión emocional y espiritual más profunda en nuestra vida amorosa.

Si estamos solos, El Sumo Sacerdote puede indicar que necesitamos buscar una conexión emocional y espiritual más profunda en nuestras relaciones amorosas. La carta nos recuerda que, para encontrar una relación significativa y duradera, necesitamos buscar a alguien que comparta nuestros valores y nuestra espiritualidad. También puede ser un buen momento para explorar nuestras creencias espirituales y nuestra conexión con lo divino para atraer a alguien que esté en la misma sintonía que nosotros.

Por otro lado, si estamos en una relación, El Sumo Sacerdote puede indicar que este es un buen momento para trabajar en la comunicación y la conexión emocional y espiritual con nuestra pareja. Es propicio explorar juntos las creencias y valores espirituales compartidos, y encontrar una conexión más profunda a través de la oración, la meditación u otras prácticas espirituales.

En general, El Sumo Sacerdote es una carta que nos recuerda la importancia de buscar una conexión emocional y espiritual más profunda en nuestras relaciones amorosas. Nos recuerda que, para encontrar una relación significativa y duradera, necesitamos estar en sintonía con nues-

tros valores y nuestra espiritualidad, y buscar a alguien que comparta nuestra visión del mundo y nuestra conexión con lo divino.

Cuando se muestra invertida indica hipocresía, estrechez de miras, que estamos adhiriéndonos a normas de conductas obsoletas y nos cuesta mucho adaptarnos a los demás. Preferimos escondernos detrás de una máscara de urbanidad antes que expresar nuestros verdaderos sentimientos, de los que estamos desconectados.

VI. Los Enamorados

SIGNIFICADO ADIVINATORIO
Elección o decisión, examen, anhelo. Lucha entre el amor sagrado y el profano. Matrimonio, amor, unión de los opuestos, atracción, balance, apertura a la inspiración. Pruebas superadas. Armonía de la vida interior y el mundo exterior. Sigue tu corazón.

INVERTIDA
Desorden, fracaso, divorcio, amor desgraciado y contrariedades de todo tipo. Matrimonio frustrado, tentación peligrosa. Peligro de ser seducido. Mala conducta, libertinaje y debilidad. Peleas, infidelidad. Inestabilidad emocional. Un triángulo amoroso que genera tensiones (puede ser entre madre y pareja).

Los Enamorados usualmente nos indica que estamos en un momento de nuestra vida en el que debemos elegir qué camino debemos tomar. En el contexto del amor, esta carta puede indicar que nos enfrentamos a una decisión importante en nuestra vida amorosa, y que debemos elegir entre dos opciones mutuamente excluyentes. Los Enamorados, en el Tarot de Marsella muestra a un hombre entre dos mujeres, que aparentemente se lo disputan (el Tarot RWS sólo muestra una pareja, es decir, muestra la consecuencia final, no la elección previa).

Si estamos solos, Los Enamorados pueden indicar que no podemos postergar más tomar una decisión importante en cuanto a nuestra vida amorosa. Puede ser que nos encontremos entre dos opciones, como elegir entre dos personas que nos gustan o decidir entre seguir por nuestra cuenta o comprometernos en una relación seria. La carta nos recuerda que debemos tomar una decisión consciente y madura, y que es preciso que sopesemos seriamente las consecuencias de nuestras decisiones.

Por otro lado, si estamos en una relación, Los Enamorados pueden indicar que es un buen momento para tomar una decisión importante sobre nuestra vida de pareja. Puede ser que sea necesario decidir sobre el siguiente paso en nuestra relación, como comprometernos o dar un paso adelante hacia la convivencia o el matrimonio. Esta carta nos recuerda que debemos tener en cuenta tanto nuestras necesidades personales como las de nuestra pareja, y que debemos tomar una decisión consciente y madura.

En general, Los Enamorados es una carta que nos recuerda la importancia de tomar elecciones conscientes en nuestras relaciones amorosas. Enfatiza que debemos elegir con sabiduría y sopesar las consecuencias de nuestras decisiones, y que debemos tener en cuenta tanto nuestras necesidades personales como las de nuestra pareja para establecer y/o mantener una relación equilibrada y armoniosa.

Si aparece invertida, esta carta indica ruptura de relaciones, divorcio, amor desgraciado, tomar una mala decisión. Nos previene contra el libertinaje y dejarnos seducir por malas personas. En todo caso, sugiere un período de inestabilidad emocional e incertidumbre, quizás un triángulo amoroso que genera tensiones en nuestras relaciones.

VII. El Carro

SIGNIFICADO ADIVINATORIO
Triunfo, victoria, superación de obstáculos, ambición, conquista. Gran auto-control, habilidad para determinar el propio destino. Velocidad, hiperactividad. Viaje. Gasto o ganancia, movimiento de fondos.

INVERTIDA
Conflicto, litigio, fracaso, pérdidas. Peligroso descontrol. Falta de tacto, ambición injustificada. Mala conducta. Actividad afiebrada y sin reposo. Peligro de un accidente violento. Enfermedad. Viaje cancelado.

El Carro es una carta que a menudo se interpreta como el símbolo de la victoria, el poder de avance y el control. En el contexto del amor, esta carta puede indicar que estamos avanzando hacia una nueva etapa en nuestra vida amorosa y que tenemos la determinación y el control necesario para alcanzar nuestras metas.

Si estamos solos, El Carro puede indicar que este es un buen momento para avanzar hacia nuestras metas amorosas y buscar una nueva relación. La carta nos recuerda que debemos ser atrevidos y confiar en nuestras habilidades para atraer a la persona que anhelamos. La simbología de esta carta es clara, el personaje en El Carro está en una procesión triunfal, festejando el triunfo obtenido; de modo que esta carta puede sugerir una seducción o una conquista (si estuviera al lado del Siete de Espadas, sugeriría un affaire). En todo caso el mensaje es sigamos en movimiento.

Por otro lado, si estamos en una relación, El Carro puede indicar que no estamos estancados, sino que nuestra relación está evolucionando. Puede ser que estemos comprometiéndonos más en la relación o avanzando hacia la convivencia. La carta nos recuerda que debemos tener confianza en nosotros mismos y en nuestra pareja para alcanzar las metas propuestas juntos. Notemos que el carro es arrastrado por dos caballos, que al igual que los miembros de una pareja, deben actuar de común acuerdo para poder avanzar.

En general, El Carro es una carta que enfatiza la importancia de tener confianza en nosotros mismos y en nuestras relaciones amorosas. Nos

recuerda que debemos avanzar con determinación y control para alcanzar nuestras metas amorosas y tener éxito en nuestras relaciones. También nos enseña que, para establecer y llevar adelante cualquier relación íntima es necesario actuar de común acuerdo y tener metas comunes, si los dos caballos del carro tiran hacia lados opuestos, el carro se detendrá.

Si se presenta invertida, esta carta indica descontrol, prepotencia, e incapacidad para relacionarnos con otras personas en un plano de igualdad. Si no moderamos nuestro comportamiento, y ya estamos en una relación, correremos el riesgo de echarla a perder. A menos que aprendamos a cooperar con las personas que nos rodean, no podremos llevar adelante ningún proyecto en común.

VIII. La Justicia (XI en RWS)

SIGNIFICADO ADIVINATORIO
Se hará justicia. Para mantener el balance ciertas cosas deben ser sacrificadas, ajuste. Integridad, firme propósito, acción de juzgar, moderación en todas las cosas. Claridad de juicio. Puede estar relacionada con asuntos legales: juicio ganado, divorcio, etc. Acción racional y de acuerdo a las normas.

INVERTIDA
Injusticia. Abuso de poder, fanatismo, juez severo. Condena injusta, acusaciones falsas, demanda, proceso, estafa. Debilidad, pérdida, inseguridad, incertidumbre. Una necesidad patológica de controlar todo. Actitud crítica y condenadora.

La Justicia es una carta que a menudo se interpreta como la representación de la equidad, la imparcialidad y el balance. En el contexto del amor, esta carta puede indicar que nos encontramos en un momento en el que es importante equilibrar nuestras necesidades personales con las de nuestra pareja para tener una relación armoniosa y justa. Alternativamente —si otras cartas soportan esta interpretación—, esta carta también puede indicar divorcio.

Si estamos solos, La Justicia puede indicar que necesitamos encontrar el equilibrio adecuado en nuestra vida amorosa. Puede ser que estemos siendo demasiado exigentes con nuestras posibles parejas o que estemos aceptando menos de lo que merecemos. La Justicia nos recuerda que debemos ser justos tanto con nosotros mismos como con los demás, y buscar una relación en la que ambas partes puedan equilibrar sus necesidades.

Por otro lado, si estamos en una relación, La Justicia puede indicar que este es un buen momento para equilibrar nuestras necesidades con las de nuestra pareja. Puede ser necesario discutir temas importantes como la confianza, el compromiso o la lealtad, y encontrar un equilibrio justo que funcione para ambos. Esta carta nos sugiere que debemos ser justos y comprensivos con nuestra pareja, y estar atentos a sus necesidades y deseos.

En general, La Justicia es una carta que nos recuerda la importancia de encontrar equilibrio y justicia en nuestras relaciones amorosas. Nos

recuerda que debemos ser justos y equitativos con nosotros mismos y con los demás, y buscar relaciones que sean armoniosas y equilibradas. También nos recuerda que debemos escuchar a nuestra pareja y ser comprensivos con sus necesidades y deseos, para lograr un equilibrio justo en nuestra relación.

En caso de aparecer invertida, esta carta indica un severo desequilibrio en nuestra relación de pareja. Un divorcio hostil, con posible pérdida de bienes, si otras cartas lo confirman. Es aconsejable que moderemos nuestras expectativas y pretensiones; no le exijamos demasiado a nuestra pareja, pero asimismo, por otra parte, es conveniente tomar todas las precauciones posibles para protegernos a nosotros mismos.

IX. El Ermitaño

SIGNIFICADO ADIVINATORIO

Búsqueda de la comprensión espiritual. Concentración en un propósito claro. Sabiduría, silencio, paciencia, discreción (las mismas cuatro virtudes que posee el IIº arcano mayor, La Sacerdotisa). Retiro del mundo, continencia, austeridad, prudencia. Peregrinaje, meditación, estudio, encuentro con un maestro; puede ser un experto o consejero en cierta área, espiritual o material. Médico experimentado.

INVERTIDA

Actitud cerrada y recluida, tímido, misántropo. Ideas fijas. Excesiva cautela y desconfianza. Búsqueda de defectos y crítica de todo. Represión de los deseos. Tristeza, pobreza, avaricia. Enemigos ocultos, conspirador tenebroso.

El Ermitaño es una carta que a menudo se ve como el símbolo de la introspección, la soledad y la sabiduría. En el contexto del amor, esta carta puede indicar que estamos en un momento en el que necesitamos tiempo para reflexionar sobre nuestra vida y buscar respuestas en nuestro interior, apartados de la escena social.

Si estamos solteros, El Ermitaño puede indicar que necesitamos concentrarnos en nuestro propio crecimiento personal y espiritual, lo que nos ayudará a estar más preparados para tener mejores relaciones sociales. Este no es un tiempo para buscar nuevas relaciones amatorias, sino para cultivar nuestro propio yo.

Por otro lado, si estamos en una relación, El Ermitaño sugiere un período de retracción e introspección. Es importante ser honestos con nosotros mismos y con nuestra pareja y mantener canales de comunicación claros, para hacerle entender que necesitamos tiempo para nosotros mismos, para encontrar nuestro propio camino.

En general, El Ermitaño, en el tema del amor, nos indica que estamos un período de introspección, de escasa vida social. De hecho El Ermitaño sugiere continencia y austeridad. Eso no significa que no podamos tener relaciones satisfactorias, pero, en caso de tener una relación íntima, esta carta indica un cierto enfriamiento y distanciamiento.

Cuando aparece invertida sugiere un cierto nivel de desconfianza (incluso paranoia), misantropía, represión de los sentimientos y negativa

a aceptar la realidad y por consiguiente un descuido, tanto de nuestro propio bienestar como el de nuestra pareja (en caso de tenerla). En realidad, estando invertida, esta carta más bien sugiere soledad y misoginia.

X. La Rueda de la Fortuna

SIGNIFICADO ADIVINATORIO
Los ciclos de la vida, el cambio, la suerte y el destino. Buena fortuna, la suerte nos sonríe y sabemos aprovecharla. Juicio sano, equilibrado. Vivacidad, buen ánimo. Para una boda: activa su realización.

INVERTIDA
Descuido, especulación, juego, dejar las cosas libradas al azar, inseguridad, falta de seriedad, imprevisión, carácter bohemio. Situación inestable, cambio repentino, ganancias y pérdidas. Estar a merced de los vaivenes de la fortuna.

La Rueda de la Fortuna es una carta que indica los ciclos de la vida, el cambio y la suerte. En el contexto del amor, esta carta puede indicar que estamos experimentando un cambio importante en nuestra vida amorosa, y que la suerte nos favorecerá.

Si estamos solos, La Rueda de la Fortuna nos sugiere que este es un buen momento para buscar una nueva relación. Esta carta nos recuerda que debemos estar abiertos a las oportunidades que se presenten en nuestra vida amorosa, para aprovechar la suerte, que está de nuestro lado. También puede indicar que necesitamos dejar atrás las relaciones del pasado que ya no nos sirven y seguir adelante hacia un nuevo ciclo en nuestra vida amorosa.

Por otro lado, si estamos en una relación, La Rueda de la Fortuna puede indicar un cambio importante en la misma. Puede que estemos pasando por altibajos, que nuestra relación no sea estable, pero La Rueda de la Fortuna nos recuerda que la suerte está a nuestro favor y que es importante mantener una actitud positiva para superar estos altibajos. También nos dice que necesitamos estar atentos para no desaprovechar los nuevos ciclos y oportunidades que se presenten en nuestra relación, y estar dispuestos a adaptarnos a los cambios que surjan.

En general, La Rueda de la Fortuna es una carta que nos recuerda la importancia de estar abiertos al cambio y a las oportunidades en nuestras relaciones amorosas. Nos recuerda que la suerte puede favorecernos, y que debemos estar preparados para enfrentar los ciclos de la vida y adaptarnos a los cambios que surjan en nuestra vida amorosa. Para aprovechar las oportunidades que se presenten, debemos mantener una

actitud positiva y tener confianza en nosotros mismos y en nuestra capacidad de superar los momentos difíciles en nuestras relaciones amorosas. Recordemos que aunque podemos perder algunas cosas, también nuevas oportunidades pueden presentarse.

En caso de presentarse invertida, esta carta indica que estamos descuidando nuestras relaciones y nuestra vida, que dejamos todo librado al azar y somos incapaces de planificar u ordenar nuestra existencia. La situación no es estable, nuestras relaciones experimentarán altibajos impredecibles.

XI. La Fuerza (VIII en RWS)

Significado adivinatorio
Sublimación o regulación de las pasiones y bajos instintos. Poder, energía. El espíritu que domina la materia. Acción, coraje, éxito. Poderosa voluntad y gran fuerza física. Poder sobre los animales. El Carro nos muestra la voluntad masculina en acción, aquí vemos una influencia femenina que domestica más que bien que avasallar.

Invertida
Carencia de auto-control. Abuso de poder, dominación violenta, crueldad, lucha. Inmoralidad, insensibilidad, temeridad, grosería. Dudas, debilidad, una necesidad patológica de controlar todo.

La Fuerza nos dice que tenemos un gran poder de atracción, que sabemos como plasmar nuestros deseos en hechos sin violentar a nadie, sino ganándonos a los demás, pero sin abusar de ellos.

Si estamos solos, La Fuerza sugiere que debemos atrevernos a salir de nuestra zona de confort y buscar nuevas oportunidades en el amor. La carta nos recuerda que debemos confiar en nosotros mismos y en nuestras habilidades para encontrar la felicidad en una relación. También puede indicar que necesitamos trabajar en nuestra autoestima y confianza en nosotros mismos para atraer a una pareja adecuada para nosotros.

Por otro lado, si estamos en una relación, La Fuerza nos enseña que necesitamos mostrar firme determinación y luchar para mantener en buen estado nuestra relación, como asimismo auto-controlarnos, para no abusar de nadie. Puede ser que estemos enfrentando desafíos, pero esta carta nos recuerda que tenemos la fuerza interior y exterior para superarlos. También puede indicar que necesitamos ser más apasionados y demostrar nuestro amor y compromiso hacia nuestra pareja.

En general, La Fuerza es una carta que nos recuerda la importancia de tener auto-control y coraje para enfrentar los desafíos en nuestras relaciones amorosas. Nos dice que debemos confiar en nosotros mismos y en nuestras habilidades para encontrar la felicidad en una relación, y que debemos ser apasionados y comprometidos en nuestra vida amorosa. También nos enseña que no debemos abusar del poder de seducción que tenemos.

Cuando aparece invertida, La Fuerza indica extremo egoísmo, carencia de auto-control y un temperamento colérico. Cuando nuestras pasiones están descontroladas corremos el peligro de abusar de los demás; es imperativo que nos moderemos y controlemos nuestros bajos instintos.

XII. El Colgado

Significado adivinatorio
Introspección, paciencia, renuncia, abnegación; pérdida del ego, un período en el limbo entre acontecimientos significativos, suspensión de toda acción, indecisión; transición; búsqueda de un nuevo camino; sacrificio; arrepentimiento. Estar en la picota, escarnio, estar expuesto. Visionario, profeta.

Invertida
Aislamiento. Soñador perdido en las nubes, sus visiones no se cumplirán. Carencia de sacrificio; incapacidad de dar lo que se necesita; egoísmo. Esfuerzo desperdiciado, fracaso.

En el contexto del amor, El Colgado puede indicar que estamos atravesando un período de espera o de sacrificio en nuestra vida amorosa.

Si estamos solos, El Colgado puede indicar que necesitamos tomarnos un tiempo para reflexionar y evaluar lo que realmente queremos en una relación. Esta carta nos recuerda que a veces es necesario hacer sacrificios en el amor, y que estar solo durante un tiempo puede ser beneficioso si aprovechamos ese tiempo para crecer como personas. También puede indicar que necesitamos dejar atrás patrones negativos en nuestras relaciones pasadas para poder avanzar hacia una relación más saludable.

Por otro lado, si estamos en una relación, El Colgado puede indicar que necesitamos tomarnos un tiempo para reflexionar sobre nuestra relación y hacer algunos cambios. Puede ser que estemos experimentando un período difícil, pero El Colgado nos ensena que a veces es necesario hacer sacrificios para lograr una relación más fuerte y duradera. También puede indicar que necesitamos ser más pacientes y esperar a que las cosas se resuelvan en nuestras relaciones interpersonales.

En general, El Colgado es una carta que enfatiza la importancia de la reflexión y el sacrificio en nuestras relaciones amorosas. Nos recuerda que a veces es necesario tomarnos un tiempo para evaluar lo que realmente queremos en una relación y hacer algunos cambios para lograr una relación más saludable. También nos enseña que a veces es necesario ser pacientes y esperar a que las cosas se resuelvan en nuestras relaciones,

incluso si eso significa sacrificar o posponer algo en el momento presente.

Si aparece invertido, El Colgado indica que tenemos una tendencia a dejar todo para mañana, complaciéndonos con ilusiones gratificantes a corto plazo, pero que no nos sirven para nada útil. Si no logramos superar nuestro egoísmo y nuestra inercia, nuestras relaciones no prosperarán.

XIII. La Muerte[2]

Significado adivinatorio
Transformación completa. Muerte y renacimiento. El fin de algo. Renovación de las ideas, cambio provechoso. La pérdida de algunas cosas. Alejamiento, dispersión de los afectos, se arrancará un sentimiento, una esperanza.

Invertida
Estancamiento, fracaso de matrimonio, carencia de oportunidades, muerte, esperanza deshecha, sueño, petrificación. Melancolía, luto, tristeza, desilusión. Decadencia, descomposición, corrupción.

La carta de La Muerte puede intimidar a muchas personas, ya que uno de sus significados es la muerte física. En el contexto del amor, esta carta puede indicar el final de una relación o una transformación importante de la misma.

Si estamos solos, La Muerte puede indicar que estamos experimentando una etapa de cambios importantes en nuestra vida amorosa. Es posible que hayamos pasado por una ruptura reciente o que estemos considerando dejar atrás una relación que no nos hace felices. La Muerte nos recuerda que a veces es necesario dejar ir lo que ya no nos sirve para poder abrirnos a nuevas oportunidades de amor. También puede indicar que estamos preparados para una transformación en nuestras vida amorosa y que es hora de buscar relaciones más significativas.

Si estamos en una relación, La Muerte puede indicar que estamos experimentando cambios importantes en nuestra relación. Puede ser que estemos pasando por una crisis o que estemos reconsiderando las perspectivas de nuestra relación. La Muerte nos recuerda que a veces es necesario dejar ir lo que ya no funciona en una relación para poder transformarla y hacerla más fuerte. También, en otros casos puede indicar que tenemos diferencias infranqueables con nuestra pareja, o posiblemente estemos involucrados en una relación tóxica que es mejor dejar atrás.

En general, La Muerte es una carta que nos recuerda la importancia de los cambios y la transformación en nuestras relaciones amorosas. Nos enseña que es necesario dejar ir lo que ya no nos sirve y transfor-

---

2   Carta sin nombre en el Tarot de Marsella.

mar nuestras relaciones para hacerlas más significativas y satisfactorias. También nos indica que es importante estar abiertos a lo nuevo y no aceptar una relación mediocre, si queremos alcanzar la felicidad y la satisfacción que buscamos.

Cuando aparece invertida, La Muerte indica un período de estancamiento, cuando ninguna esperanza fructifica y nos retraemos en nosotros mismos. También sugiere un matrimonio o relación de pareja que se ha echado a perder.

XIV. La Templanza

Significado adivinatorio
Moderación, sobriedad, economía, frugalidad, paciencia, adaptación, carácter complaciente. Compostura, auto-control, reflexión. Combinación de los opuestos, mezcla del pasado y del presente. Buen matrimonio o relación con los demás. Progreso lento.

Invertida
Descontrol, intemperancia, excesos, conflicto. Altibajos del ánimo. Posibilidad de naufragio. Pereza, apatía, indecisión, abandono, dejarse llevar. Sumisión a la moda, prejuicios o creencias. Sacerdote, religión, secta. Dar vueltas sin poder avanzar.

En el contexto del amor, La Templanza puede indicar que necesitamos encontrar equilibrio y armonía en nuestras relaciones amorosas, y que para nosotros es importante vivir en armonía con todo el mundo, y que de alguna manera, casi siempre lo logramos.

Si estamos solos, La Templanza nos indica que este es un período donde es importante evitar todo conflicto, y ser tolerantes con las peculiaridades de los demás. Esta carta indica una evolución lenta pero segura, y nos asegura que tarde o temprano podremos establecer relaciones amorosas que nos llenen de satisfacción. Puede ser que estemos buscando una relación significativa, pero también necesitamos tiempo para nosotros mismos y para desarrollar nuestros propios intereses. La Templanza nos recuerda que es importante tener paciencia y encontrar un equilibrio en nuestra vida amorosa para lograr relaciones saludables y satisfactorias.

Si estamos en una relación, La Templanza puede indicar que necesitamos mejorar el equilibrio y la armonía de la misma. Puede ser que estemos pasando por un período difícil, pero es importante tener paciencia y mantener el equilibrio, para lograr una relación más fuerte y duradera. También puede indicar que necesitamos ser más tolerantes y comprensivos con nuestra pareja para lograr una relación más armoniosa.

En general, La Templanza es una carta que nos recuerda la importancia de alcanzar un buen equilibrio y armonía en nuestras relaciones amorosas. Nos enseña que es importante tener paciencia y ser tolerantes con nuestra pareja para lograr una relación saludable y satisfactoria. Tam-

bién enfatiza que es importante mantener el equilibrio debido entre nuestras necesidades personales y nuestras relaciones amorosas para alcanzar una vida amorosa más plena.

Cuando aparece invertida, La Templanza sugiere desequilibrio y conflictos interpersonales. Es una señal de que no nos ocupamos bien de mantener en buen estado nuestras relaciones. Si nuestro temperamento es variable y somos caprichosos, no lograremos establecer ni mantener buenas relaciones de ningún tipo. Si queremos disfrutar de la amistad y el amor de nuestros congéneres, será mejor que tengamos un poco de moderación y sobriedad; pongamos un poco de orden en nuestra vida y seamos más tolerantes con los demás.

XV. El Diablo

SIGNIFICADO ADIVINATORIO
Fuerza mayor, fatalidad. Vehemencia, pasión y deseo, impulso ciego. Poder de seducción, gran habilidad para influenciar a otros, magia negra. Tentación, adicción, egoísmo. Encadenado a una mala relación. Sadismo, malevolencia, desviación sexual, las pasiones carnales descontroladas.

INVERTIDA
Liberación de ataduras; superación del materialismo, el orgullo y el interés propio. Tregua, timidez, indecisión.

En el contexto del amor, El Diablo puede indicar una relación basada en la dependencia extrema, excesivo control o una obsesión.

Aunque generalmente El Diablo indica malas influencias (tanto de personas, como de obsesiones o vicios que podemos tener, como drogas o alcohol), por otro lado también se relaciona con los influjos irresistibles, que en el Tarot se denominan fuerza mayor, es decir, una circunstancia imprevisible e inevitable que nos impide hacer algo o que nos obliga a seguir cierto curso de acción, y que no es forzosamente mala, solo irresistible. Es decir que El Diablo también puede indicar la fuerza del destino, algo que no podemos controlar. Ese "algo" puede ser una pasión que surge en nuestro interior o una influencia exterior.

Si estamos solos, El Diablo puede indicar que repetimos patrones poco saludables en nuestras relaciones amorosas. Puede ser que estemos buscando una relación basada en la pasión y la intensidad, pero nos encontramos atraídos por personas que no nos convienen. Esta carta nos recuerda que es importante tener cuidado en nuestras elecciones amorosas y evitar las relaciones tóxicas, que nos hacen daño a largo plazo.

Si ya estamos en una relación, El Diablo puede indicar que estamos experimentando problemas de control o dependencia extrema en nuestra relación. Puede ser que nuestra pareja esté tratando de controlarnos o que nos sintamos atrapados en una relación poco saludable. El Diablo nos recuerda que es importante tomar medidas para establecer límites saludables en nuestras relaciones y evitar los estilos de conducta extremos.

En general, El Diablo es una carta que nos recuerda la importancia de ser conscientes de nuestras elecciones amorosas y evitar las relaciones poco saludables basadas en la adicción o la codependencia. Nos recuerda que es importante establecer límites en nuestras relaciones y evitar los patrones poco saludables que pueden llevar a una relación tóxica y poco satisfactoria.

Si aparece invertida, esta carta indica que estamos superando los patrones de conducta poco saludables y liberándonos de relaciones tóxicas. También nos enseña que podremos dejar atrás el orgullo y el egoísmo. Es posible, que después de cancelar una relación tóxica, pasemos por un período de indecisión, hasta que volvamos a encontrar el camino hacia una vida más plena.

XVI. La Torre

Significado adivinatorio
Catástrofe, colapso, ruina. Escape de la prisión o liberación de ataduras, ruptura de relaciones, divorcio. Bancarrota, penurias. Accidente, muerte súbita. Castigo que resulta del orgullo o los excesos cometidos. Los planes fracasarán. El "dedo de Dios".

Invertida
Limitaciones. Atrapado en una situación desdichada. Vida rutinaria, opresión continuada. Falsas acusaciones, prisión.

La Torre a menudo se asocia con eventos inesperados y drásticos que cambian nuestra vida. En el contexto del amor, esta carta puede indicar un cambio repentino o una crisis en una relación.

Si estamos solos, La Torre puede indicar que estemos atravesando un período cuando nuestras expectativas y la estructura que le damos a nuestra vida estén siendo sacudidas. Puede ser que algún proyecto o elemento que nos sirve de apoyo se esté desmoronando, o que pasemos por algún tipo de penurias. Este no es el mejor momento para entablar nuevas relaciones. Lo mejor que podemos hacer en tiempos de crisis como este es tratar de moderar nuestras pretensiones y ser realistas. Cuando pase la conmoción veremos todo más claramente.

Si estamos en una relación, La Torre puede indicar una crisis o un cambio repentino en la relación. Puede ser que se produzca una separación o una ruptura inesperada, o puede ser que una revelación repentina cause un cambio en la dinámica de la relación. La Torre nos recuerda que es importante estar abiertos a los cambios y adaptarnos a las nuevas circunstancias.

En general, La Torre nos recuerda que la vida es impredecible y que pueden ocurrir cambios repentinos e inesperados en nuestras relaciones amorosas. Es importante estar preparados para sobrellevar las posibles crisis y adaptarnos a las nuevas circunstancias para poder tener relaciones más saludables y satisfactorias. También nos enseña que es importante ser honestos y sinceros en nuestras relaciones, dejando de lado el orgullo, para evitar sorpresas desagradables o crisis repentinas. En este caso podríamos recordar la frase "mejor prevenir que curar", aunque si La Torre aparece en una tirada, puede que ya sea demasiado

tarde para eso. Por otra parte, La Torre también significa liberación de ataduras, por lo tanto, si estamos atados a una relación tóxica, esta carta puede tener un significado positivo.

Si se presenta invertida, La Torre indica una relación insatisfactoria, que no podemos mejorar ni abandonar. También puede sugerir incapacidad de compartir nuestros propios sentimientos y de comunicarnos con otras personas; baja inteligencia emocional.

XVII. La Estrella

Significado adivinatorio
Perspicacia y claridad de visión, inspiración, rayo de luz. Tus esperanzas se cumplirán. Ayuda inesperada. Los dones del espíritu, flexibilidad. Pureza, naturalidad, honestidad. Carta totalmente espiritual.

Invertida
Arrogancia, pesimismo, testarudez, error de juicio y/o percepción. Reestructuración, privación y abandono. No se cumplirán tus esperanzas.

En el contexto del amor, La Estrella nos promete que nuestras esperanzas se cumplirán, y nos enseña que si somos sinceros y estamos abiertos a las influencias espirituales, seremos bendecidos y nosotros mismos tendremos un efecto benéfico en las vidas de quienes nos rodean.

Si estamos solos, La Estrella puede indicar que estamos experimentando un momento de inspiración y renovación en nuestra vida, con gran claridad mental, que puede afectar positivamente nuestra vida amorosa. Puede ser que nos sintamos más optimistas y esperanzados en cuanto a encontrar a nuestra pareja ideal, o quizás estemos superando traumas del pasado, lo que nos permitirá estar más abiertos al amor. La Estrella nos recuerda que es importante confiar en nuestras propias capacidades y mantener la esperanza en el amor, incluso si hemos tenido experiencias dolorosas.

Si estamos en una relación, La Estrella nos indica que tenemos excelente comunicación y comunión de sentimientos con nuestra pareja. Mientras mantengamos la comunicación abierta y la confianza mutua perdure, tendremos una relación saludable y satisfactoria.

En general, La Estrella es una carta que nos recuerda la importancia de no abandonar la esperanza y tener fe en el amor. Nos enseña que es posible superar los obstáculos y curar las heridas del pasado para tener relaciones más saludables y satisfactorias. También nos recuerda que es importante ser sinceros, comunicarnos bien y tener confianza en nuestra pareja, para tener relaciones fuertes y duraderas.

Cuando está invertida, La Estrella indica mala comunicación y orgullo que nos impide percibir las verdaderas necesidades de nuestra pareja. Indica relaciones insatisfactorias y efímeras. En este caso, lo mejor

que podemos hacer es buscar una vida más espiritual, dejando atrás el egoísmo y el materialismo.

XVIII. La Luna

Significado adivinatorio
Umbral de un importante cambio, camino difícil y confuso. Penosa exploración del propio lado oscuro o el dominio psíquico, psicoanálisis. Imaginación, instinto, misterio, sueños intensos, pesadillas. Posible error y/o engaño.

Invertida
Sentimientos vagos y perturbadores. Altibajos emocionales. Depresión. Peligros y/o enemigos no vistos. No se puede hallar el camino, retirada. Alucinación, engañarse a uno mismo, histeria, paranoia. Se recomienda evitar los riesgos. Acompañada por IX, El Ermitaño: Escándalo, delación y difamación.

La carta de La Luna a menudo se asocia con la intuición, la imaginación y los misterios ocultos. En el contexto del amor, esta carta puede indicar confusión o incertidumbre en las relaciones.

Si estamos solos, La Luna puede indicar que nuestras relaciones no son claras o son ambiguas. Puede ser que no estemos seguros de lo que queremos en una relación, o puede ser que estemos experimentando una fuerte atracción hacia alguien que nos confunde. La Luna nos recuerda que es importante confiar en nuestra intuición y escuchar nuestros propios sentimientos para encontrar la claridad que buscamos.

Si estamos en una relación, La Luna puede indicar que estamos experimentando una etapa de confusión o incertidumbre con nuestra pareja. Puede ser que haya secretos o misterios ocultos que estén afectando nuestra relación, o puede ser que nos sintamos inseguros acerca de nuestra pareja. La Luna nos recuerda que es importante ser honestos, tanto con nosotros mismos como con nuestra pareja para aclarar cualquier malentendido o confusión en la relación.

En general, La Luna es una carta que nos enseña la importancia de confiar en nuestra intuición y nuestros sentimientos para encontrar la claridad en las relaciones amorosas. Nos sugiere que es posible que haya secretos o misterios ocultos que debemos clarificar para tener relaciones más saludables y satisfactorias. También enfatiza que es importante ser honestos y sinceros en nuestras relaciones para evitar la confusión y la incertidumbre.

Si La Luna se presenta invertida la confusión se amplifica. Puede que nos volvamos un juguete de nuestras emociones y temores, pero también existe la posibilidad de que estemos siendo engañados por nuestra pareja o por otra persona. Este no es un buen momento para tomar decisiones importantes, por la falta de claridad y los sentimientos perturbadores que nos aquejan. Para lograr un poco de esclarecimiento, lo mejor que podemos hacer es detenernos y buscar la ayuda de alguien en quien podamos confiar, ya sea un maestro espiritual, un psicólogo, o simplemente un amigo de confianza.

XIX. El Sol

Significado adivinatorio
Buena reputación, fama, carisma. Triunfo y éxito asegurado. Discernimiento lúcido, claridad de juicio y expresión, talento literario o artístico. Hermandad, felicidad conyugal. Curación, física o emocional.

Invertida
Inmadurez. Dificultad encarando la realidad. Un don nadie pretencioso. Obnubilación, vanidad, fingimiento, falsa pompa, jactancia, orgullo, egocentrismo. Relación, matrimonio o trabajo perdido. Planes anulados.

El Sol representa alegría y vitalidad. En el contexto del amor, esta carta sugiere que estamos experimentando una fase de felicidad y realización en nuestras relaciones amorosas.

Si estamos solos, El Sol puede indicar que nos estamos sintiendo felices y seguros de nosotros mismos, y que nos proyectamos bien socialmente, lo que nos permitirá atraer relaciones amorosas más positivas y satisfactorias. Esta carta sugiere que estamos listos para encontrar una pareja que comparta nuestros valores y nos haga sentir realizado, como lo indica la juguetona pareja de niños que muestra la carta (al menos en el Tarot de Marsella, el Tarot RWS muestra un niño sobre un caballo).

Si estamos en una relación, El Sol sugiere una fase expansiva y feliz, con excelente comunicación. Esta carta refleja una relación de pareja floreciente, con una gran cantidad de energía y vitalidad, que nos permite disfrutar de la intimidad, pasión y armonía de nuestra relación.

En general, El Sol es una carta muy positiva que indica una fase de felicidad y realización en nuestras relaciones amorosas. Esta carta sugiere que estamos bien encaminados y que nuestra vida amorosa es positiva y saludable. Es importante recordar que esta carta también nos recuerda que debemos seguir trabajando en nosotros mismos y en nuestras relaciones sociales para mantener la felicidad y la armonía a largo plazo.

Si se presenta invertido, El Sol indica que nos cuesta conectarnos con otras personas debido a nuestra inmadurez, y, quizás, debido a tener excesivas pretensiones. Si estamos en una relación, deberíamos hacer lo posible para cuidarla, porque El Sol invertido es un pésimo augurio para las relaciones amorosas.

XX. El Juicio

SIGNIFICADO ADIVINATORIO
Cambio radical, nueva oportunidad, reintegración, reconciliación. Despertar espiritual, esclarecimiento. Secretos revelados. Dictamen judicial favorable.

INVERTIDA
Error. Vacilación espiritual, miedo, debilidad, culpa, separación, divorcio. Decisión postergada. Dictamen judicial adverso.

En el contexto del amor, El Juicio sugiere que estamos pasando por una fase de claridad y renovación en nuestras relaciones amorosas.

Si estamos solos, El Juicio puede indicar que relaciones amorosas del pasado pueden revivir, para ofrecernos una nueva oportunidad. También indica nuevas posibilidades, por eso es importante que estemos abiertos a nuevas experiencias y a nuevas personas que puedan aparecer en nuestra vida.

Si estamos en una relación, el Juicio sugiere que estamos en una fase de renovación y claridad en nuestra vida de pareja. Puede ser que hayamos pasado por un período de confusión o de incertidumbre en nuestra relación, pero ahora tenemos más claridad y comprensión, quizás veamos nuestra relación desde un ángulo diferente que nos hace disfrutarla más y sentir una pasión renovada. Esta carta sugiere que es importante tener en cuenta nuestras experiencias pasadas para tomar decisiones más sabias en nuestras relaciones sociales y amorosas.

En general, El Juicio es una carta que nos recuerda la importancia de estar abiertos a nuevas experiencias y nuevas —o renovadas— relaciones amorosas. Esta carta nos enseña que es importante dejar ir las viejas formas de pensar y los hábitos que ya no nos sirven. También nos recuerda que es importante aprender de nuestras experiencias pasadas para tomar decisiones sabias en nuestras relaciones amorosas actuales y futuras.

Si esta carta aparece invertida, puede indicar divorcio, separación; dudas y confusión, que nos harán cometer errores que pueden perjudicar nuestras relaciones.

XXI. El Mundo

Significado adivinatorio
Realización, obra completada, recompensas, seguridad, circunstancias muy favorables. Viaje, emigración (dentro del mismo continente), cambio de lugar de residencia. Compra o venta de tierras.

Invertida
Obstáculos, estancamiento, estorbos, falta de visión, fracaso, contrariedad. Atmósfera hostil. Miedo al cambio o a los viajes, tener demasiado apego al lugar de residencia o al trabajo.

En el contexto del amor, El Mundo nos sugiere que estamos experimentando una fase de realización y culminación en nuestras relaciones amorosas.

Si estamos solos, El Mundo puede indicar que estamos en una fase de realización personal en la que nos sentimos completos y somos felices con nosotros mismos. Esta carta sugiere abundancia material y una situación asegurada, que facilita que podamos entablar relaciones amorosas que nos complementen y nos hagan sentir realizados en todos los aspectos de nuestra vida.

Si estamos en una relación, El Mundo indica una fase expansiva, con mucho movimiento. Es posible que estemos llevando a cabo proyectos comunes con nuestra pareja, orientados hacia el mundo exterior, como buscar una nueva vivienda o planificar unas vacaciones memorables. Este es un excelente momento para llevar a cabo todo tipo de planes, en familia.

En general, El Mundo es una carta muy positiva que indica una fase de realización y culminación en las relaciones amorosas. Esta carta sugiere que disfrutamos de equilibrio y felicidad en nuestras relaciones, y que, si estamos solos, estamos listos para atraer relaciones amorosas positivas y satisfactorias.

Si esta carta está invertida, significa que nuestra vida amorosa está bloqueada o estancada. De momento no se nos ofrecerán oportunidades, pero tampoco nosotros nos estamos ocupando de renovar o mejorar nuestra vida amorosa, porque somos reacios a los cambios y nos apegamos demasiado al pasado.

Los Arcanos Menores:
Bastos

As de Bastos

Significado adivinatorio
Creación. Iniciativa y determinación. Capacidad para llevar a cabo emprendimientos. Comienzo de una empresa, aventura, invención o algo nuevo. Energía, entusiasmo. Buena salud, virilidad y fertilidad. Concepción o nacimiento de un niño.

Invertida
Caída. Perder o postergar alguna cosa (empleo, emprendimiento, etc.). Falsos comienzos. Impotencia falta de energía, carencia de empuje.

El As de Bastos indica que estamos experimentando una fase de pasión y entusiasmo en nuestras relaciones amorosas. También sugiere virilidad y fertilidad y —si otras cartas lo confirman—, la concepción o el nacimiento de un niño.

Si estamos solos, el As de Bastos puede indicar que estamos en una fase de nuevos comienzos en el amor. Esta carta sugiere que estamos llenos de energía y pasión, preparados para explorar nuevas oportunidades en el amor. Es posible que experimentemos un aumento en nuestra autoconfianza y que estemos dispuestos a tomar riesgos en el amor para encontrar la felicidad y la satisfacción que buscamos.

Si estamos en una relación, el As de Bastos sugiere que nuestra pasión y energía se han incrementado. Es posible que estemos planeando nuevas aventuras en pareja o que estemos explorando nuevas formas de mantener viva la pasión. Uno de los significados de esta carta es concepción, nacimiento, por lo que es un buen augurio para quienes desean tener hijos.

En general, el As de Bastos es una carta muy positiva que indica una fase de pasión y nuevos comienzos en las relaciones amorosas. Esta carta sugiere que estamos llenos de energía y entusiasmo, listos para explorar nuevas oportunidades en el amor para encontrar la felicidad y la satisfacción en nuestra vida.

Si la carta se muestra invertida indica depresión, impotencia, falta de empuje. Es posible que nuestra pasión se haya debilitado y no le prestemos mucha atención a nuestra pareja, ni tengamos la voluntad para iniciar nuevas relaciones.

Dos de Bastos

SIGNIFICADO ADIVINATORIO
Iniciativa, planificación y proyección del poder, aumento de la influencia; madurez, personalidad, arrojo, fuerza de voluntad. Encrucijada, varias opciones para elegir.

INVERTIDA
Perturbación, sorpresa. Desasosiego, miedo, pérdida de fe en uno mismo. Enfermedad, sufrimiento físico. Se cortó la buena racha.

El Dos de Bastos es una carta que representa la toma de decisiones y la exploración de nuevas oportunidades. En el contexto del amor, esta carta sugiere que estamos explorando opciones y considerando diferentes caminos en nuestra vida amorosa.

Si estamos solos, el Dos de Bastos puede indicar que estamos considerando diferentes opciones en el amor. Es posible que estemos decidiendo si queremos estar en una relación o si preferimos enfocarnos en nuestro carrera o en otros aspectos de nuestra vida. Esta carta sugiere que tenemos muchas alternativas disponibles y estamos en condiciones de tomar decisiones informadas sobre nuestra vida, tanto amorosa, como general.

Si estamos en una relación, el Dos de Bastos puede indicar que estamos explorando nuevas formas de fortalecer nuestra relación, o que esta ha madurado y estamos listos para llevarla al próximo nivel. Es posible que estemos considerando un cambio importante como comenzar a vivir con nuestra pareja o comprometernos más seriamente el uno con el otro. Esta carta sugiere que estamos en una fase de tomar decisiones importantes y que tenemos el poder de moldear nuestra relación en la dirección que deseemos.

En general, el Dos de Bastos sugiere que estamos en una fase de exploración y toma de decisiones en nuestra vida amorosa. Esta carta sugiere que tenemos muchas opciones disponibles y que tenemos el poder de elegir el camino que seguirá nuestra vida amorosa. Es importante recordar que esta carta también nos recuerda que debemos seguir siendo fieles a nosotros mismos y a nuestros valores en el amor para lograr relaciones satisfactorias a largo plazo.

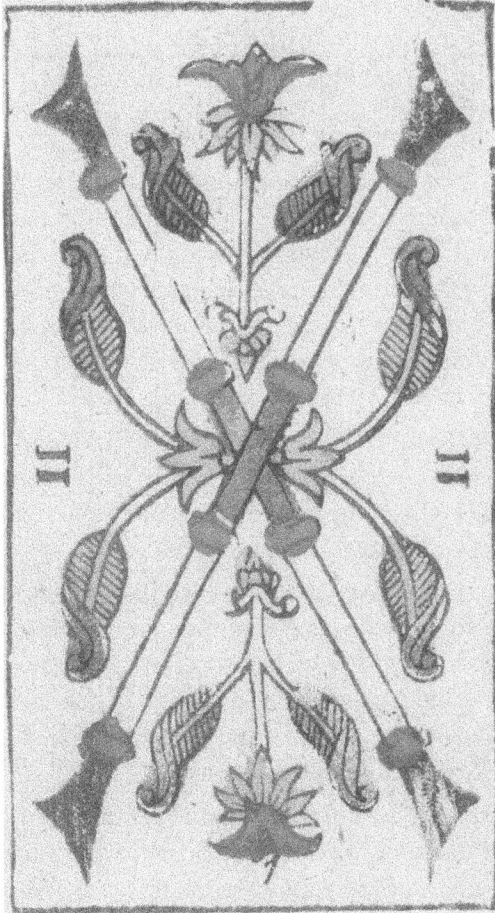

En caso de estar invertido el Dos de Bastos sugiere problemas en nuestras relaciones sociales. Ya no sabemos claramente qué es lo que queremos, y nuestra inmadurez no nos permitirá tomar las decisiones acertadas, por lo que nuestras relaciones sufrirán.

Tres de Bastos

SIGNIFICADO ADIVINATORIO
Fuerza o empresa establecida y en expansión, metas cumplidas. Riqueza, poder, coraje, perseverancia, orgullo, nobleza. Cooperación, asociación. Advertencia contra el orgullo y la arrogancia.

INVERTIDA
Inconsistencia, planes fallidos, decepción, arduas complicaciones, repliegue, interrupción. Robo, engaño, pérdida.

El Tres de Bastos es una carta que representa la consolidación, la expansión y la búsqueda de nuevas oportunidades. En el contexto del amor, esta carta sugiere que estamos ampliando nuestros horizontes y explorando nuevas posibilidades en nuestra vida amorosa. El Tres de Bastos también indica que ocupamos un puesto destacado en la escena social y nos previene contra el orgullo y la arrogancia.

Si estamos solos, el Tres de Bastos puede indicar que estamos expandiendo nuestro círculo social y abriendo nuestra mente a nuevas personas y experiencias. Es posible que estemos saliendo y conociendo a nuevas personas, incluyendo a aquellos que antes no habríamos considerado.

Si estamos en una relación, el Tres de Bastos nos enseña que es importante compartir actividades en común con nuestros seres amados y tomar decisiones en conjunto, sin imponer nuestras ideas sobre nuestra pareja. Es importante mantener la salud de las relaciones íntimas que tengamos; aunque tengamos una intensa vida laboral, aún así debemos dedicarle lo mejor de nosotros a nuestra familia.

En general, el Tres de Bastos sugiere que estamos abriendo nuestros horizontes y aprendiendo a compartir nuestra vida con nuestros seres queridos. Esta carta sugiere que nos encontramos en una fase de expansión y crecimiento, y que hay muchas oportunidades emocionantes disponibles para nosotros, pero también nos advierte que no debemos volvernos engreídos ni tener una idea inflada de nosotros mismos.

Cuando aparece invertido, el Tres de Bastos indica complicaciones y decepciones en nuestra vida social y nuestras relaciones íntimas. Puede que alguien cercano nos decepcione y que tengamos que postergar ciertas cosas. Lo mejor que podemos hacer para atravesar este período

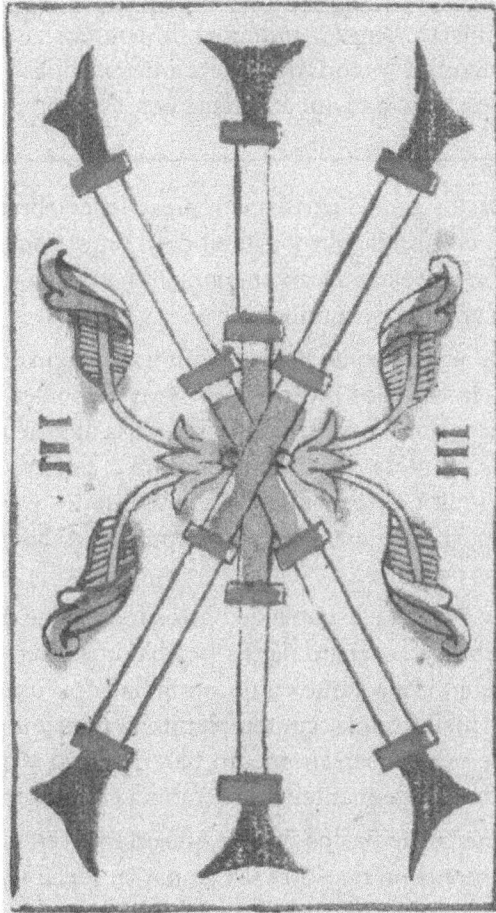

de incertidumbre es mantener abiertas nuestras líneas de comunicación con nuestros seres queridos.

Cuatro de Bastos

Significado adivinatorio
Consumación, prosperidad, celebración. Asentamiento, paz, armonía. Romance, matrimonio, sociedad.

Invertida
Tiene un significado similar que cuando aparece al derecho, pero con menos plenitud y con imperfecciones. Dudas, nerviosismo, contradicciones, felicidad incompleta. Los excesos precipitarán la decadencia.

El Cuatro de Bastos es una carta que representa celebración de los logros obtenidos, consolidación y estabilidad. En el contexto del amor, esta carta sugiere que estamos en un momento de estabilidad y armonía en nuestra vida amorosa y familiar.

Si estamos solos, el Cuatro de Bastos es un buen augurio en lo atinente a la formación de vínculos íntimos con otras personas. Si ya tenemos alguna relación, es posible que podamos llevarla al próximo nivel, si no la tenemos, nos promete que el amor llegará a nuestra vida. En todo caso, esta carta indica que estamos bien equilibrados y en armonía con nosotros mismos, por lo que podremos aprovechar bien las oportunidades que se nos presenten.

Si ya estamos en pareja, el Cuatro de Bastos indica que disfrutamos un período de estabilidad y armonía. Es posible que estemos celebrando algún hito o evento importante en nuestra relación, como un aniversario, o quizás formalizándola, contemplando el matrimonio. Esta carta sugiere que este es un buen momento para apreciar y celebrar lo que tenemos y ocuparnos de mantener la armonía en nuestras relaciones.

En general, el Cuatro de Bastos sugiere que estamos en un momento de estabilidad y armonía en nuestra vida amorosa, social y profesional, ya sea que estemos solos o viviendo en pareja. Esta carta indica que este es un buen momento para disfrutar y apreciar el amor que tenemos en nuestra vida y celebrar nuestras bendiciones.

Si aparece invertido, el Cuatro de Bastos nos previene contra los excesos en nuestras relaciones interpersonales. Es aconsejable hacer todo lo posible para conservar la armonía en nuestra vida social y familiar y buscar el equilibrio. Nos debemos dar por sentado el bienestar que

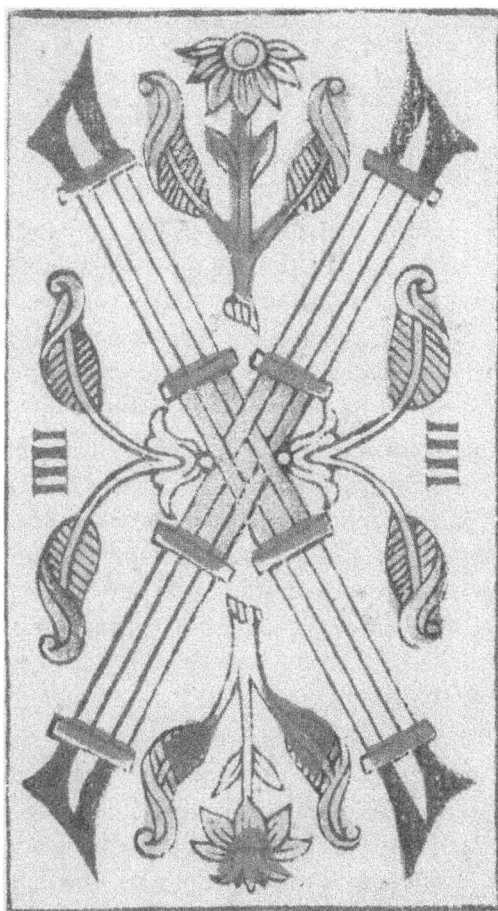

gozamos, si no cuidamos de nuestros seres queridos o si somos excesivamente ambiciosos nos perjudicaremos a nosotros mismos y a quienes
nos rodean. Seamos tolerantes con los demás y no cometamos excesos.

Cinco de Bastos

Significado adivinatorio
Conflicto, complicaciones, enredo. Riña, violenta pelea, discusión tempestuosa. Competición, obstáculos, oposición. Litigio.

Invertida
Ganancia. Nuevas oportunidades de negocios. Victoria después de superar la oposición.

En el contexto del amor, el Cinco de Bastos sugiere que estamos enfrentando conflictos o desafíos en nuestra vida amorosa.

Si estamos solos, el Cinco de Bastos puede indicar competencia o rivalidad en nuestra relaciones. Es posible que nos sintamos atraídos por alguien que ya está en una relación o que haya otras personas interesadas en la misma persona que nosotros. Esta carta sugiere que debemos estar preparados para luchar por lo que queremos en el amor y estar dispuestos a competir por la atención de la persona que nos interesa.

Si estamos en una relación, el Cinco de Bastos sugiere que estamos experimentando conflictos o desacuerdos con nuestra pareja, quizás compitiendo por el control o teniendo intensos desacuerdos. Esta carta nos enseña que debemos buscar una forma de superar la oposición, ya sea llegando a un acuerdo, o bien tratando de ver la situación desde un ángulo diferente, sin prejuicios. Si ambas partes quieren encontrar una solución, vale la pena esforzarse y trabajar juntos para resolver los conflictos y encontrar soluciones.

En general, el Cinco de Bastos sugiere que estamos experimentando desafíos y conflictos en nuestra vida amorosa. Esta carta nos dice que debemos estar preparados para luchar por el amor y estar dispuestos a competir por la atención y el amor de la persona que nos interesa. Si ya estamos en una relación, esta carta nos enseña que debemos tratar de resolver los conflictos y trabajar juntos para encontrar soluciones.

Si el Cinco de Bastos se presenta invertido indica que los conflictos fueron o serán resueltos o superados, y la armonía imperará nuevamente en nuestras relaciones.

Seis de Bastos

SIGNIFICADO ADIVINATORIO
Victoria después de la lucha. Buenas noticias, progreso, avance. Liderazgo, apoyo de los amigos o seguidores. Alianza.

INVERTIDA
No es posible formar una alianza, o tus adversarios se alían en contra tuyo. Alguien triunfa a tu costa. Falta de reconocimiento. Aplazamiento. Insolencia del victorioso. Traición, aprensión.

El Seis de Bastos es una carta que indica victoria y éxito después de una lucha o un desafío. En el contexto del amor, esta carta sugiere que nos encontramos en un buen momento y que estamos avanzando en nuestra vida amorosa.

Si estamos solos, el Seis de Bastos indica que ganaremos la confianza de la persona que nos interesa, probablemente con la ayuda de un tercero. Este es un buen momento para seguir adelante y expresar nuestros sentimientos, ya que es probable que tengamos éxito en nuestro intento, y que no sólo la pareja que buscamos, sino también su familia, nos darán la bienvenida.

Si ya estamos en una relación, el Seis de Bastos sugiere un período de excelente comunicación y cooperación con nuestra pareja, después de haber superado un desafío en conjunto. Esta carta nos dice que este es un buen momento para celebrar el éxito obtenido y disfrutar de la armonía y consolidación de nuestra relación.

En general, el Seis de Bastos sugiere que estamos siendo exitosos y avanzando en nuestra vida amorosa. Esta carta nos indica que es un buen momento para seguir adelante y expresar nuestros sentimientos a la persona que nos interesa, o para celebrar y disfrutar de la relación que tenemos actualmente.

Cuando aparece invertido, el Seis de Bastos indica desacuerdos con nuestra pareja y nuestra familia. Es un período de nuestra vida en el que nos encontramos aislados y preocupados. También puede indicar que otra persona nos arrebata a la persona que amamos (si estuviera flanqueada por el Siete de Espadas no habría dudas al respecto).

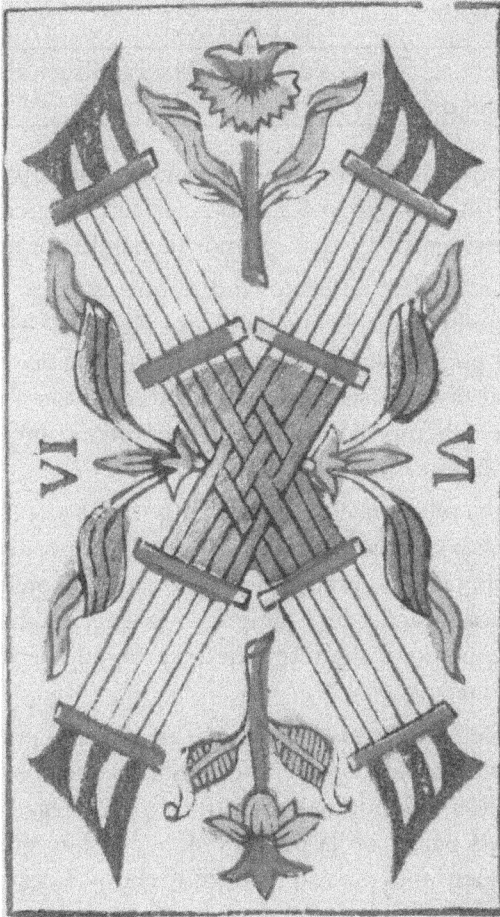

Siete de Bastos

SIGNIFICADO ADIVINATORIO
Firme determinación. Victoria a través del coraje a pesar de las desventajas. Esfuerzo, lucha, fiera competición. Mantenerse firme frente a la oposición. Negociación, discusión, contrato.

INVERTIDA
Incapacidad para afrontar los desafíos. Desorganización, ignorancia o falta de voluntad que lleva al fracaso. Bochorno.

El Siete de Bastos es una carta que representa la lucha para defender lo que queremos. En el contexto del amor, esta carta sugiere que estamos en una posición defensiva y que estamos luchando por nuestro amor.

Si estamos solos, el Siete de Bastos indica que estamos luchando para encontrar el amor. Es posible que tengamos alguna desventaja, y que la única forma en que podemos obtener lo que anhelamos sea aceptando un compromiso. Eso no significa que debemos bajar nuestros estándares, sino que debemos ser tanto perseverantes como flexibles para poder alcanzar nuestras metas.

Si estamos en una relación, el Siete de Bastos indica que estamos en una posición defensiva en nuestra relación actual. Es posible que nuestra pareja nos presione para obtener ciertas ventajas o conseguir algo con lo que no estamos de acuerdo. Es importante, que, sin abandonar nuestra posición, lleguemos a algún tipo de acuerdo que permita superar el desacuerdo actual.

En general, el Siete de Bastos sugiere que estamos en una posición defensiva y que solo podremos superar el conflicto que nos aflige mediante una negociación. Cuando hay discusiones, para llegar a un trato que permita a ambas partes de la pareja obtener lo que quieren, sin que nadie pase vergüenza, es preciso tener muy claro cuales son los puntos en los que podemos ofrecer concesiones, y qué cosas no estamos dispuestos a abandonar. En todo caso, en la esfera del amor, tales conflictos no auguran nada bueno a largo plazo para la evolución de la relación.

Cuando esta carta está invertida indica que, ya sea por falta de capacidad, error o ignorancia, no podremos resolver el conflicto e incluso podemos pasar vergüenza. O quizás simplemente estemos hartos de las discusiones y decidamos renunciar a una relación tan conflictiva.

Ocho de Bastos

Significado adivinatorio
Rápido avance, grandes esperanzas, ambición, hiperactividad. Decisiones apresuradas. Viaje aéreo, mensajes, cartas de amor. Libertad.

Invertida
Oposición, celos, discordia, disputas en el hogar. Retraso en los negocios o en los asuntos amorosos. La fuerza aplicada inadecuadamente o con demasiada premura, no alcanzará el éxito. Se requiere paciencia.

El Ocho de Bastos indica empuje y un rápido movimiento de avance, impulsado por grandes esperanzas. En el contexto del amor, esta carta sugiere un cortejo veloz e intenso, sin que nada obstaculice nuestro avance.

Si estamos solos, el Ocho de Bastos indica que podemos recibir o bien efectuar nosotros mismos, una proposición inesperada o una invitación para una cita con alguien que nos atrae. Esta carta nos dice que debemos estar abiertos a las oportunidades que se nos presenten en el amor y estar preparados para actuar rápidamente si surge algo que nos interese.

Si estamos en una relación, el Ocho de Bastos indica que nuestra relación de pareja podría avanzar rápidamente hacia el próximo nivel. Es posible que tomemos decisiones importantes juntos, compartir unas vacaciones o iniciar algo juntos. Esta carta sugiere que debemos estar listos para el cambio y preparados para actuar rápidamente cuando surja la oportunidad.

En general, el Ocho de Bastos nos enseña que debemos estar abiertos a las oportunidades que se presenten en nuestra vida amorosa y estar preparados para actuar rápidamente cuando esto suceda. Esta carta indica un movimiento rápido y positivo en el amor, por lo que será conveniente que estemos listos para actuar cuando llegue el momento.

Si el Ocho de Bastos está invertido, indica conflictos en el hogar, celos y discusiones. Nuestra vida amorosa está obstaculizada y de momento no será posible mejorarla. Es importante tomarnos el tiempo debido para considerar como podemos proceder; aunque esta carta sugiere premura, actuar impensadamente no nos servirá de nada en este caso.

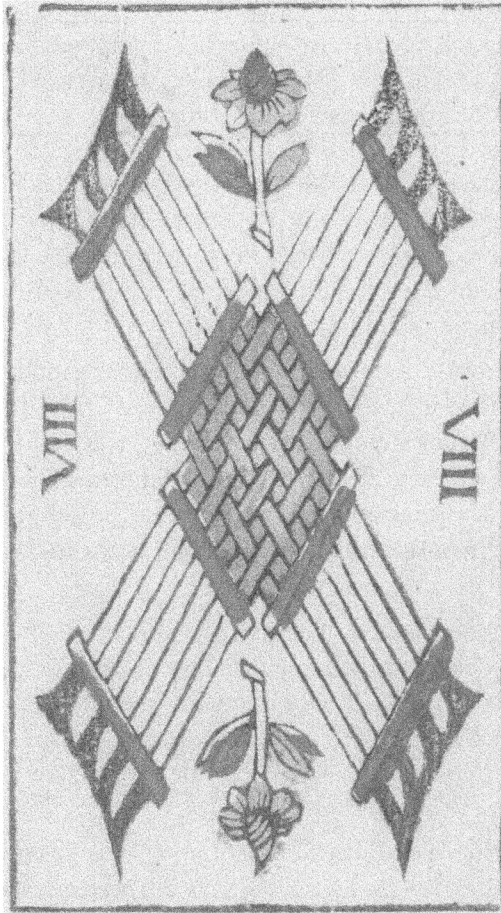

Nueve de Bastos

Significado adivinatorio
Fuerza, resistencia. Pausa en la lucha, demoras. Victoria después de superar la oposición. Recuperación de la salud.

Invertida
Debilidad, retrasos, suspensión, adversidad, imposibilidad de superar los obstáculos. Mala salud. Hay que tener paciencia, prudencia y discreción; mejor detenerse para evitar complicaciones.

El Nueve de Bastos es una carta que indica perseverancia y resistencia, sugiriendo que hemos atravesado un período conflictivo en nuestras relaciones, pero que estamos preparados para superar cualquier obstáculo que se presente en nuestra vida amorosa y de relación social, porque tenemos claro cuales son nuestros deseos.

Si estamos solos, el Nueve de Bastos sugiere que hemos pasado por un momento difícil en el amor y posiblemente sufrimos una gran decepción, pero que hemos superado la adversidad y estamos listos para seguir adelante. Esta carta nos anima a mantenernos firmes en nuestras convicciones y a no renunciar a encontrar el amor. Si hemos estado luchando para encontrar una pareja, esta carta nos sugiere que sigamos buscando y que no nos rindamos.

Si estamos en una relación, el Nueve de Bastos nos dice que después de haber superado ciertas dificultades, nuestra relación está más fuerte que nunca. Esta carta nos insta a mantener nuestra guardia alta y a no permitir que la adversidad la afecte. Esta carta sugiere que es importante que continuemos trabajando en nuestra relación y que sigamos fortaleciéndola.

En general, el Nueve de Bastos indica un período de complicaciones y obstáculos en nuestra vida y amorosa y social, pero esta carta nos anima a no renunciar y ser perseverantes en nuestros esfuerzos por encontrar y mantener el amor, y a no abandonar nuestros sueños de una relación satisfactoria y duradera.

De presentarse invertido, el Nueve de Bastos indica que estamos doblegados por las dificultades. Nuestras relaciones, amorosas o sociales, no pasan por su mejor momento, y en este momento no podemos hacer mucho para mejorarlas. Esta carta nos aconseja paciencia, prudencia y

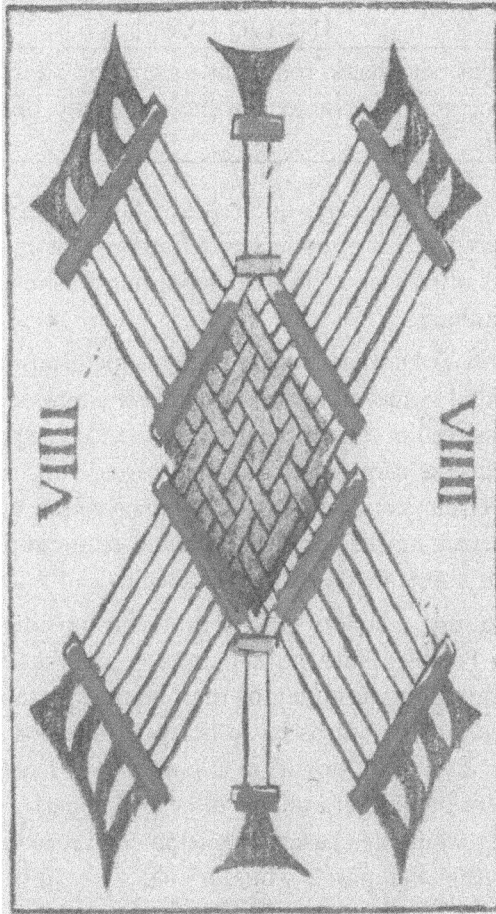

discreción, si presionamos a otras personas para lograr nuestros deseos, sólo lograremos resultados contraproducentes.

Diez de Bastos

SIGNIFICADO ADIVINATORIO
Opresión, ordalía, agobio, incertidumbre en una empresa, esfuerzos, poder mal aplicado, problemas que podrían resolverse pronto. Sentirse aplastado, cansado, con demasiados proyectos o responsabilidades.

INVERTIDA
Fracaso, posibles pérdidas o renuncia a algo para simplificar la vida. Intrigas, separación, emigración. Si hay un juicio pendiente habrá pérdidas.

El Diez de Bastos es una carta que representa una carga pesada o una gran responsabilidad. En el contexto del amor, esta carta sugiere que podemos estar sintiéndonos abrumados por nuestras responsabilidades sociales y/o familiares.

Si estamos solos, el Diez de Bastos sugiere que estamos sintiendo el peso de la soledad y que no encontramos la manera de abrirnos paso socialmente; nos resulta muy difícil comunicarnos y expresar en forma aceptable nuestros sentimientos. Es posible que este sea un momento en el que otras circunstancias de nuestra vida, ya sean de salud o laborales, no nos permitan dedicar el tiempo y el esfuerzo necesarios para salir adelante en nuestra vida social y amatoria.

Si ya estamos en una relación, el Diez de Bastos nos dice que estamos sobrecargados. Posiblemente no sepamos como manejar adecuadamente las responsabilidades que nos impone nuestra familia o nuestra pareja, y por momentos quizás hasta nos preguntemos si vale la pena seguir adelante. Esta carta nos insta a compartir las cargas y a buscar apoyo en nuestra pareja para aliviar el peso de nuestras responsabilidades. Si hay algo que esté causando tensión en la relación de pareja, es importante discutirlo en pareja y buscar soluciones juntos.

En general, el Diez de Bastos sugiere que estamos sobrecargados o hemos asumido una responsabilidad que no sabemos cómo sostener, la cual está afectando nuestra vida de relación y nos estresa mucho. Esta carta nos insta a buscar como aliviar el peso de nuestras obligaciones y a no permitir que estas cargas abrumen nuestra relación. Si trabajamos en colaboración con nuestra pareja y/o familia, buscando soluciones juntos, será posible superar cualquier obstáculo. También es importan-

te que aprendamos a delegar nuestras responsabilidades y no asumamos nosotros mismos todo el peso de llevar adelante una familia.

Cuando aparece invertida, esta carta indica un punto de quiebre, el momento en el que nos vemos obligados a reconocer que no podemos seguir adelante con todas nuestras obligaciones, sino que debemos renunciar a algunas de ellas. Si no lo hacemos, nuestras relaciones se resentirán. Es mejor renunciar voluntariamente a algo, aunque afecte nuestro orgullo, antes que estropear nuestros vínculos de pareja o la relación con nuestra familia. Quizás sea aconsejable —si otras cartas lo confirman— mudarnos a un lugar donde podamos llevar una vida más tranquila, con menos estrés, o quizás cambiar de trabajo o delegar responsabilidades. Si no logramos resolver los problemas antes de llegar al punto de quiebre, es posible un divorcio.

Sota de Bastos

Significado adivinatorio
Un buen extranjero, un mensajero o portador de noticias. Brillante, hábil, fogoso y atrevido. Asistente leal. Si aparece junto a una carta que representa una persona, dará buen testimonio de él. Potencial creativo en evolución.

Invertida
Cruel, inestable, superficial, teatral, prepotente, alguien que trata de subyugarte, chismoso, calumniador, vengativo. Incapaz de controlar sus impulsos. Si eres una mujer, romperá tu corazón. Puede ser un amante infiel, especialmente junto al Siete de Espadas. Malas noticias. Inestabilidad.

La Sota de Bastos es una carta que representa la energía juvenil y el entusiasmo. En el contexto del amor, esta carta sugiere que podemos estar experimentando una nueva pasión o romance emocionante en nuestra vida. Esta carta también simboliza a un portador de buenas noticias, a alguien en quien podemos confiar, y que nos estimula con su pasión.

Si estamos solos, la Sota de Bastos sugiere que puede haber alguien nuevo en nuestra vida o que estamos abiertos a nuevas conexiones y experiencias. Esta carta nos insta a seguir nuestro corazón y a atrevernos tomar riesgos en el amor. Un nuevo amor puede presentarse de manera espontánea, y esta carta nos anima a tomar la iniciativa y explorar esta nueva relación.

Si estamos en pareja, la Sota de Bastos sugiere que hay un nuevo nivel de pasión y entusiasmo en nuestra relación actual, un renovado interés y energía, lo que puede llevar a un mayor nivel de intimidad y conexión emocional nuestra relación. Esta carta nos insta a ser creativos y aventureros en nuestras relaciones amatorias y sociales, y a explorar nuevas formas de conectarnos con nuestra pareja.

En general, la Sota de Bastos nos dice que podemos estar experimentando una nueva pasión y entusiasmo en nuestra vida amorosa. Esta carta nos insta a seguir nuestro corazón y a tomar riesgos en el amor, ya que puede haber una relación emocionante y significativa esperándonos.

En caso de aparecer invertida, la Sota de Bastos indica descontrol, un desequilibrio emocional que puede afectar nuestras relaciones. También puede indicar que nuestra pareja, o una relación cercana está tratando de manipularnos y no es sincera o es infiel.

Caballero de Bastos

Significado adivinatorio
Partida. Protector impetuoso, apasionado y generoso, pero también brutal e impredecible. Viaje hacia lo desconocido, abridor de nuevos caminos, emigración, mudanza, abandono, precipitación.

Invertida
Celoso y conflictivo, brutal. Separación, discordia, discusión, noticias perturbadoras. Falta de energía, estancamiento. Pensar sólo en los propios deseos, sin tener planes a largo plazo. Ceder a la tentación.

El Caballero de Bastos es una carta que representa la acción y la pasión. En el contexto del amor, esta carta sugiere que estamos buscando una aventura emocionante y ardiente en nuestra vida amorosa. Si se refiere a otra persona, caracteriza a un hombre apasionado e impetuoso, a veces en exceso, pero que tiene buenas intenciones.

Si estamos solos, el Caballero de Bastos sugiere que estamos listos para embarcarnos en una nueva aventura romántica. Esta carta nos insta a ser audaces y tomar la iniciativa. Puede haber alguien en nuestra vida que nos atraiga y nos haga sentir emocionados, y esta carta nos anima a seguir adelante y explorar esta conexión. Por otro lado el Caballero de Bastos también significa grandes cambios y oportunidades; una persona que entra en nuestra vida, y la conmociona, que puede ser un amante apasionado, pero también es muy impetuoso y un poco prepotente.

Si ya estamos en una relación, esta carta sugiere que un tercero puede aparecer en nuestro panorama emocional, alguien que cambia y sacude nuestra vida. El Caballero de Bastos puede trastornar nuestra vida súbitamente, posiblemente para mejor, dependiendo de las cartas que lo acompañan, motivarnos a abandonar nuestra pareja y replantearnos nuestra vida.

En general, el Caballero de Bastos indica que estamos buscando una relación emocionante y apasionada en nuestra vida amorosa. Esta carta nos anima a ser atrevidos y no cerrarnos al cambio, pero nunca debemos de renunciar al control de nuestra propia vida, porque el Caballero de Bastos es tan impetuoso que fácilmente puede arrastrarnos en su estela.

Si está invertida, esta carta indica extremo descontrol, conflicto y desequilibrio emocional. También puede sugerir excesos de todo tipo, tanto en nuestro trato de otras personas, como en el trato que recibimos de
otros. En este caso el Caballero de Bastos es celoso, conflictivo y egoísta
y es una tentación que es mejor evitar. Si estamos viviendo en pareja
esta carta puede indicar discordia o incluso separación.

Reina de Bastos

Significado adivinatorio
Amable pero estricta; enérgica y calma; conservadora, ahorrativa y pragmática. Fructífera en mente y cuerpo. Amante de la naturaleza y el hogar. Sabe como conseguir lo que quiere. Hablar suavemente, pero llevar un gran garrote. Figura femenina poderosa.

Invertida
Dominante, intimidante, celosa, dogmática, prepotente e irracional. Rápida para ofenderse, vengativa. Infiel (si El Mago [invertido], El Ermitaño [invertido] o el Siete de Espadas estuvieran junto a esta carta, eso confirmaría la infidelidad). Oposición, obstáculo, amenaza.

La Reina de Bastos es una carta que representa la pasión, la creatividad y la determinación. En el contexto del amor, esta carta sugiere que somos apasionados y creativos, que estamos en control de nuestra vida amorosa, aunque también puede referirse a una persona con estas características que aparece en nuestra vida. Tradicionalmente la Reina de Bastos se asocia con una mujer conservadora y estricta que vive en contacto con la naturaleza, y que pese a la fortaleza de su carácter también es amable. Si por algún motivo nos enemistamos con ella, veremos su aspecto intimidante, porque no es alguien a quien podamos molestar impunemente. La Reina de Bastos es fructífera, si esta carta está acompañada por otras cartas que lo confirmen, puede indicar un embarazo.

Si estamos solos, la Reina de Bastos sugiere que nos encontraremos con una persona de las características descritas en el párrafo anterior. El tipo de relación simbolizada por esta carta no es un mero flirteo, sino algo serio. La Reina de Bastos no pierde el tiempo en pequeñeces y si nos relacionamos con ella es mejor que tengamos claro qué proyecto de vida deseamos desarrollar con ella.

Si ya estamos en una relación, la Reina de Bastos posiblemente sea nuestra pareja, que sin duda es una figura femenina poderosa. Si no estamos a su altura, en cuanto a fuerza de carácter y voluntad, ella puede subyugarnos. Pero todo lo que haga será para beneficio del hogar compartido, la Reina es Bastos es una gran protectora de su familia.

En general, la Reina de Bastos indica a una pareja sólida y pragmática, que nos apoya, y posiblemente también nos empuje un poco. Podemos confiar en ella, pero sería mejor que cumplamos con nuestras responsabilidades si no queremos que ella tome el mando.

Cuando aparece invertida, la Reina de Bastos se vuelve muy prepotente e intolerante, pudiendo llegar a la paranoia. Es una mujer con la que es muy difícil convivir. Si aparece junto a cartas que lo confirmen (ver los significados adivinatorios generales) indicaría infidelidad.

Rey de Bastos

Significado adivinatorio
Hombre atrevido, apresurado y generoso. Apasionado, fuerte y orgulloso. Un jefe exigente, severo, pero bien intencionado. Puede ser un caballero del campo, generalmente casado, tradicionalista y paternal. Un buen matrimonio. Emprendedor, sabe lo que quiere y se ocupa de obtenerlo.

Invertida
Despótico, severo, dogmático, arrogante, intolerante, ideas excesivas y exageradas. Autócrata, asceta. Puede ser cruel.

El Rey de Bastos simboliza a un hombre muy apasionado y enérgico, con una personalidad firme y carismática, es un líder nato, un hombre maduro que puede ser muy protector y leal a su pareja, pero también llegar a ser un poco dominante y arrogante en su comportamiento. Este es un individuo que está muy seguro de sí mismo y de sus sentimientos, y espera lo mismo de su pareja. Como es usual en las cartas de la corte, las características recién descritas pueden aplicarse tanto al consultante como a alguien que aparece en su vida.

Si estamos solos, el Rey de Bastos sugiere que este es un buen momento para buscar una relación con alguien con estas características, que nos haga sentir seguros y confiados. Para una mujer indicaría una figura masculina poderosa y protectora, en quien se puede confiar, y que es un buen candidato matrimonial.

Si ya estamos en una relación esta carta indica que nuestra relación es sólida y sigue las pautas tradicionales, de soporte mutuo y crianza de una familia. Es una relación más bien reconfortante que excitante; para que no se estanque es importante mantener buenas líneas de comunicación y llevar adelante proyectos comunes. Por otra parte, es importante estar atento a cualquier tendencia hacia la dominación o la arrogancia en nuestra relación, porque, tal como su contrapartida femenina (Reina de Bastos), si tenemos una personalidad débil el Rey de Bastos puede abrumarnos con su instinto protector.

Si esta carta aparece invertida, el Rey de Bastos se vuelve muy dogmático y excesivamente estricto. Puede convertirse en un fanático, que sigue sus ideales a cualquier precio y que les exige a los demás que obedezcan

ROY·DE·BASTONS

las mismas reglas estrictas a las que él se sujeta, llegando a la crueldad para imponer su visión del mundo.

Los Arcanos Menores:
Copas

As de Copas

Significado adivinatorio
Armonía, felicidad, placer, satisfacción, restitución de la salud, nutrición, abundancia. Tus deseos se cumplirán. Inicio de un gran amor. Fertilidad.

Invertida
Insatisfacción. Falso amor, inconstancia, inestabilidad, trastornos, fin de un sentimiento, infidelidad. Bloqueo emocional, incapacidad de reconocer el amor o expresarlo. Estancamiento. Carencia emocional y/o espiritual. Infertilidad.

El As de Copas se asocia con la energía del amor, la creatividad, la emoción, las conexiones emocionales profundas y la felicidad. Es una carta muy positiva para el amor y las relaciones sociales. En lo físico indica buena salud y fertilidad.

Si estamos solos, esta carta puede indicar que estamos en un momento en el nuestras emociones fluyen naturalmente y estamos en armonía con quienes nos rodean. También puede sugerir que una nueva relación o amor está en camino, y que estableceremos una conexión emocional muy profunda y significativa.

Si ya estamos en una relación, el As de Copas indica una etapa de curación y renovación de la relación. Puede indicar un nuevo comienzo, como una boda, un compromiso, o —si otras cartas lo confirman— la concepción de un niño.

En general, el As de Copas sugiere que debemos estar abiertos a las nuevas experiencias emocionales y permitir que nuestros sentimientos guíen nuestras decisiones amorosas. Esta carta también puede ser una llamada a la reflexión, para que permanezcamos bien sintonizados con nuestros deseos más íntimos y dejemos fluir nuestros sentimientos. Para encontrar la felicidad en el amor debemos ser capaces de escuchar nuestra voz interior.

Si el As de Copas aparece invertido, nos dice que estamos bloqueados emocionalmente y no nos permitimos a nosotros mismos la libre expresión de nuestras emociones. También indica una baja inteligencia emocional, una carencia espiritual que debemos superar si queremos disfrutar una vida armoniosa y feliz. En lo físico, puede indicar infertilidad.

Dos de Copas

SIGNIFICADO ADIVINATORIO
Amor, armonía, cálida amistad, cooperación. Relación estrecha con un alma gemela. Buena carta para los negocios y el amor.

INVERTIDA
Desacuerdos, oposición, amor falso o insatisfactorio, desilusión, malentendidos, descuido, libertinaje, disipación, celos. Crisis en una relación de pareja.

El Dos de Copas indica un periodo gran armonía con personas afines, cuando podemos cultivar relaciones estrechas con otras personas, tanto amorosas como de amistad, o incluso establecer asociaciones estrechas de negocios. Esta carta representa unión, armonía y cooperación en nuestras relaciones.

Si estamos solos, el Dos de Copas nos ofrece el mensaje alentador de que una nueva relación amorosa está en el horizonte. Puede ser una señal de que pronto conoceremos a alguien con quien tendremos una conexión muy especial. Si ya hemos conocido a alguien, esta carta sugiere que es posible que la relación esté en un momento muy dulce y armonioso y que será posible llevarla al próximo nivel.

Si ya estamos en una relación, el Dos de Copas indica que tenemos una profunda conexión emocional y afectiva con nuestra pareja. Esta carta sugiere que la relación está en una etapa de armonía y se está fortaleciendo, alcanzando mayor intimidad y compromiso.

En general, el Dos de Copas es una carta muy positiva en cuanto al amor y las relaciones. Sugiere que la conexión emocional entre dos personas es fuerte y auténtica, y que hay una gran oportunidad para el crecimiento y la evolución de la relación, como llevar adelante proyectos en común.

Si aparece invertido, el Dos de Copas sugiere una crisis en la relación de pareja, causada por malentendidos, celos, y quizás infidelidad. Dependiendo de las cartas vecinas esta carta sólo indicará una etapa, que podremos superar, o el fin de la relación de pareja.

Tres de Copas

SIGNIFICADO ADIVINATORIO
Abundancia. Gozo, hospitalidad, éxito. Compartir las buenas cosas de la vida. Procreación, adopción. Feliz resultado.

INVERTIDA
Excesos en el comer, el beber o la sensualidad. Pasión desenfrenada. Sexo sin amor. Discordia o alejamiento entre amigos. Una alianza estrecha entre dos personas descarta a un tercero. Problemas en las relaciones entre padres e hijos.

El Tres de Copas representa celebración, amistad y conexión emocional con nuestros amigos y seres queridos. En el amor, esta carta puede significar una relación feliz y satisfactoria donde las partes se sienten emocionalmente conectadas. Puede indicar una celebración o evento feliz en la relación, como un compromiso, un aniversario o incluso una boda.

Si aún no estamos en una relación, el Tres de Copas sugiere que en una próxima reunión con amigos podremos conocer a alguien especial o tener una conexión emocional con alguien con quien compartiremos intereses y pasatiempos comunes.

Si ya estamos en una relación, el Tres de Copas indica que este es un tiempo de celebración, cuando compartimos las buenas cosas de la vida, tanto con nuestra pareja como con un círculo de amigos afines. Los planes que tengamos fructificarán exitosamente. Esta carta también puede indicar procreación o adopción, si lo confirman las cartas vecinas.

En general, el Tres de Copas es muy positivo para el amor y la amistad; nos enseña que el amor es una fuente de felicidad y que es importante compartirlo con los demás, para que se multiplique.

De aparecer invertida, esta carta nos dice que los excesos que pueden dañar nuestras relaciones con las personas cercanas. También puede indicar infidelidad o libertinaje, una tendencia a vivir sólo en el ahora, sin preocuparnos por las consecuencias a largo plazo. Si otras cartas lo confirman, puede sugerir que somos dejados de lados por dos personas que se alían en nuestra contra.

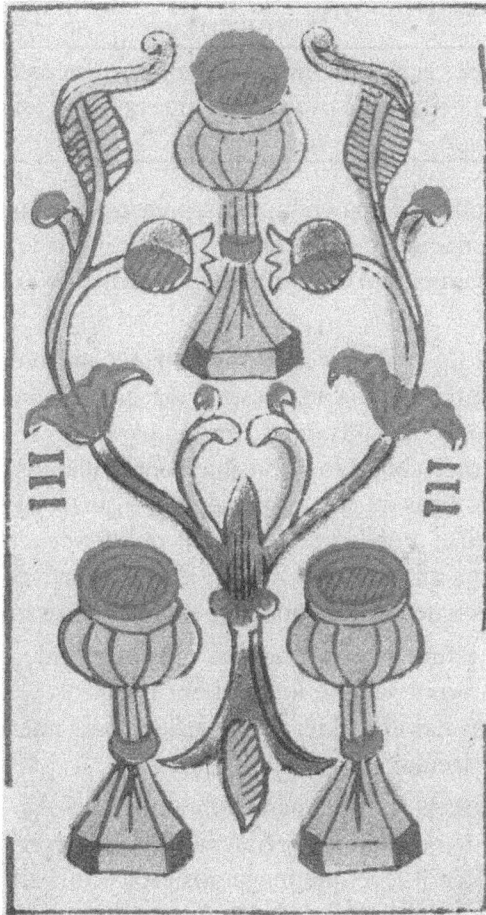

Cuatro de Copas

SIGNIFICADO ADIVINATORIO
Tedio, desgano, indolencia, aburrimiento. Período estacionario de la vida. Amabilidad de los demás. Rechazo o incapacidad de ver las oportunidades. Incomunicación, introversión extrema.

INVERTIDA
Despertar de un período de insatisfacción o contemplación. Nuevas relaciones son posibles. Nuevas metas, nueva ambición, nuevo conocimiento. Presagio.

El Cuatro de Copas es una carta que representa insatisfacción, apatía y descontento emocional. En el amor, esta carta puede indicar un momento de estancamiento o aburrimiento, de desconexión con el mundo que nos rodea.

Si estamos solos (lo cual esta carta sugiere), el Cuatro de Copas indica un período de descontento con nuestra vida, cuando nada nos satisface y ni siquiera tenemos ganas de movernos para buscar algo nuevo; de hecho nos sentimos aburridos y posiblemente dejamos de lado las posibilidades románticas que se nos presentan, o quizás ni siquiera somos conscientes de ellas. Puede que tengamos una tendencia a comparar a los demás con una imagen idealizada de lo que buscamos en una pareja, lo que puede llevarnos a sentirnos perpetuamente insatisfechos.

Si hacemos un esfuerzo y abrimos los ojos al mundo que nos rodea, veremos que hay gente que se interesa por nosotros, y somos nosotros quienes debemos dar el primer paso para superar nuestro marasmo e introspección extrema.

Si estamos en pareja, posiblemente sintamos que algo falta en nuestra relación o que no estamos recibiendo lo que necesitamos emocionalmente. También puede que tengamos aspiraciones exageradas, que nuestra pareja nunca podrá alcanzar, lo que perjudicará nuestra relación. Es importante que despertemos de la apatía que nos atenaza y establezcamos buenos vínculos de comunicación con nuestra pareja y dejemos fluir libremente a nuestros sentimientos.

En general, el Cuatro de Copas sugiere que es importante prestar atención a nuestras necesidades emocionales y hacer los cambios necesarios en nuestra vida amorosa para encontrar la felicidad y satisfacción que

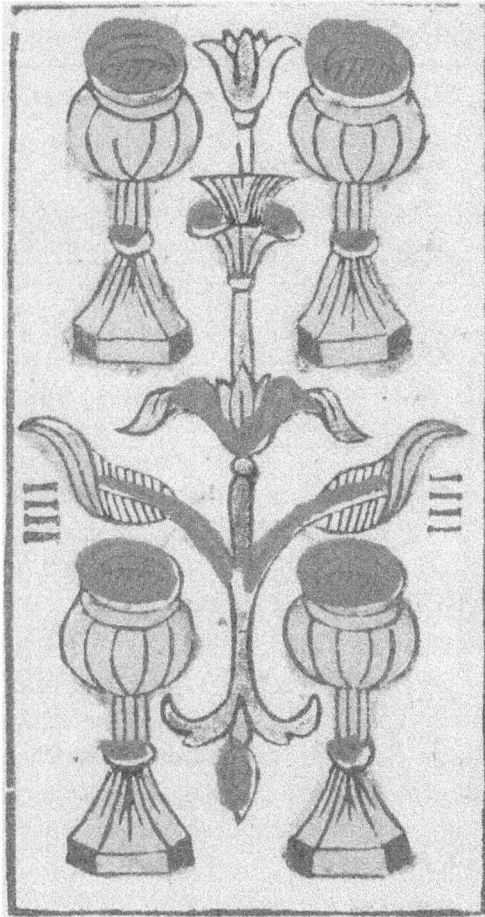

buscamos. Pero debemos ser realistas, si buscamos la perfección nunca la encontraremos; aceptemos lo que la vida nos ofrece y no nos encerremos en nosotros mismos, debemos aprender a compartir las bendiciones que tenemos con los demás y también estar dispuestos a aceptar lo que nos ofrecen.

Si el Cuatro de Copas aparece invertido, indica que estemos saliendo de un período emocionalmente insatisfactorio. Al abrir los ojos, veremos que tenemos muchas posibilidades para establecer nuevas relaciones, tanto de amistad como románticas. Es posible que algún suceso inesperado nos despierte y nos excite, haciendo que nos decidamos a participar de la vida social o nos interesemos en nuevas oportunidades que recién ahora podemos ver.

Cinco de Copas

Significado adivinatorio
Desilusión, pérdida, decepción, desgracia inesperada, falsos proyectos, imperfección. Duelo, lamento. Ruptura de una relación, unión sin amor, con amargura y frustración. Traición de parte de un ser querido. Remordimientos, dificultad para superar el pasado.

Invertida
Felicidad nueva. Regreso de un viejo amor o un amigo. Alianza. Nuevas esperanzas, nuevas perspectivas después de superar un período de luto o lamento.

El Cinco de Copas se asocia con la tristeza, la pérdida y el pesar. En el amor, puede indicar duelo por la pérdida de una persona, arrepentimiento por los errores cometidos que nos llevaron a perder a alguien, o una decepción o desilusión con alguien con quien estábamos íntimamente vinculados.

Si estamos solos, esta carta nos enseña que mientras no superemos el pesar por una relación pasada malograda, y comencemos a mirar hacia el futuro, y no hacia el pasado, no podremos ser felices. Aunque nos parezca que no podemos ser felices sin alguien que perdimos, eso no es así; debemos de ser conscientes de nuestra bendiciones y aprender a ser felices con lo que tenemos.

Si estamos en una relación, el Cinco de Copas, puede indicar un sentimiento de insatisfacción y desánimo, que nuestra relación nos llena de amargura y frustración. Quizás ya no tengamos expectativas de poder mejorar nuestra relación y no sepamos que hacer, y por eso estamos desanimados. Asimismo, esta carta indica que para salir adelante en una relación tenemos que aprender a perdonar, si no superamos el pasado tampoco tendremos futuro. En algunos casos, el Cinco de Copas puede indicar que es hora de dejar ir una relación que ya no es saludable ni satisfactoria (si otras cartas lo confirman); aunque puede ser doloroso, a veces es necesario abandonar algo para poder avanzar y encontrar mejores oportunidades en el futuro.

En general, el Cinco de Copas es una carta que indica la necesidad de afrontar y superar las emociones negativas y los desafíos en el amor. Con el tiempo, es posible que descubramos que la tristeza y la decep-

ción son temporales y podremos encontrar la esperanza y la felicidad de nuevo, ya sea mejorando una relación existente, o buscando una nueva.

Si esta carta aparece invertida, quiere decir que superaremos los resentimientos y la amargura por las penas pasadas. Quizás regrese un viejo amor o un amigo, o puede que conozcamos a una persona nueva, lo que nos permitirá dejar atrás definitivamente las penurias pasadas.

Seis de Copas

SIGNIFICADO ADIVINATORIO
Influencias del pasado, amor, recuerdos; amistad, felicidad u oportunidad que viene del pasado. Herencia. Dinero a través del matrimonio o socios.

INVERTIDA
Vivir demasiado en el pasado. Asociados o amigos que no valen nada. Planes o expectativas inciertas, incapacidad de adaptarse a los cambios. Malos hábitos que arrastramos del pasado.

El Seis de Copas está relacionado con la nostalgia y los recuerdos del pasado. En cuanto al amor, esta carta puede indicar que estamos recordando a un viejo amor o que una amistad o amor del pasado vuelve a presentarse en nuestras vidas.

Si estamos solos, esta carta puede indicar que estamos buscando una relación que nos brinde comodidad y seguridad, como las que teníamos en el pasado o que queremos volver a contactarnos con alguien de nuestro pasado. En cualquier caso, es importante que reflexionemos sobre nuestros verdaderos sentimientos y que no idealicemos demasiado el pasado, pero también debemos estar alertas para no dejar pasar ninguna oportunidad de amor que venga del pasado. El Seis de Copas También puede indicar la necesidad de sanar viejas heridas emocionales antes de avanzar en una nueva relación.

Si ya estamos en una relación, esta carta sugiere un período de nostalgia, quizás no estemos completamente satisfechos con nuestra vida actual, y recordamos con añoranza el pasado. El Seis de Copas también puede indicar que una persona que conocimos en el pasado influye nuevamente en nuestras vidas, o que podemos beneficiarnos de relacionarnos con ella.

En general, el Seis de Copas indica que una persona o influencia del pasado va a afectar nuestro presente en forma positiva. También puede que recibamos alguna influencia o conozcamos a una persona, que esté ligada de alguna forma a nuestro pasado.

Si aparece invertido, el Seis de Copas nos previene contra permitir que los recuerdos y la nostalgia del pasado nos impidan mirar para adelante. Es bueno recordar el pasado, pero debemos vivir de cara al futuro. En lo

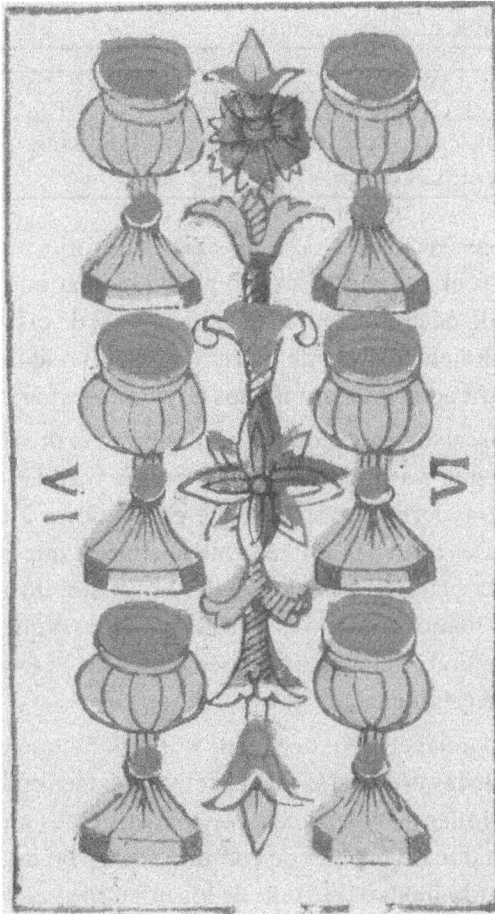

social y amoroso, idealizar a nuestros amores pasados no nos servirá de nada, sino, al contrario, nos perjudicará, evitando que nos adaptemos al presente. Esta carta también sugiere que estamos siendo perjudicados por antiguos amigos o amores que ya no nos aportan nada bueno; si queremos ser felices y salir adelante sería mejor olvidarlos.

Siete de Copas

Significado adivinatorio
Sueños ilusorios, expectativas necias, decepción, promesas incumplidas. Intoxicación, corrupción. Pasividad, no se toma acción alguna para volver reales nuestras fantasías.

Invertida
Determinación, deseo, proyecto, elección inteligente. Abrir los ojos, recuperar el sentido común.

El Siete de Copas se asocia con los sueños ilusorios, la fantasía y la imaginación. En el amor, este arcano puede indicar que nos encontramos en un estado de confusión, indecisión o falta de claridad en cuanto a nuestros sentimientos o los de nuestra pareja, o que quizás soñamos con amar a cierta persona, pero no nos atrevemos a dar el primer paso.

Si estamos solos, el Siete de Copas puede indicar la presencia de ilusiones o fantasías que no se corresponden con la realidad de la relación que tenemos con cierta persona, lo que puede llevar a una decepción o desilusión en el futuro. También puede sugerir que estamos considerando varias opciones o posibilidades en el ámbito amoroso, pero que todavía no hemos tomado una decisión clara, o que quizás somos incapaces de superar la etapa de fantaseo para pasar a expresar nuestros sentimientos abiertamente.

Si estamos en pareja, el Siete de Copas nos enseña que es conveniente que seamos realistas y honestos con nosotros mismos en lo que respecta a nuestros sentimientos y expectativas concernientes a nuestra pareja. También indica que los canales de comunicación con nuestra pareja no están funcionando bien, o que uno de los miembros de la relación está intentando engañar al otro.

En general, esta carta nos invita a la reflexión y la exploración interna para poder tomar decisiones informadas y conscientes en el amor. Es importante que superemos nuestra indecisión y dejemos atrás los sueños, para actuar en el mundo real.

Si aparece invertida, esta carta es más positiva; nos indica que superaremos los sueños ilusorios y la pasividad, tomando una determinación y encarando nuevos proyectos vitales. En el ámbito del amor eso significa

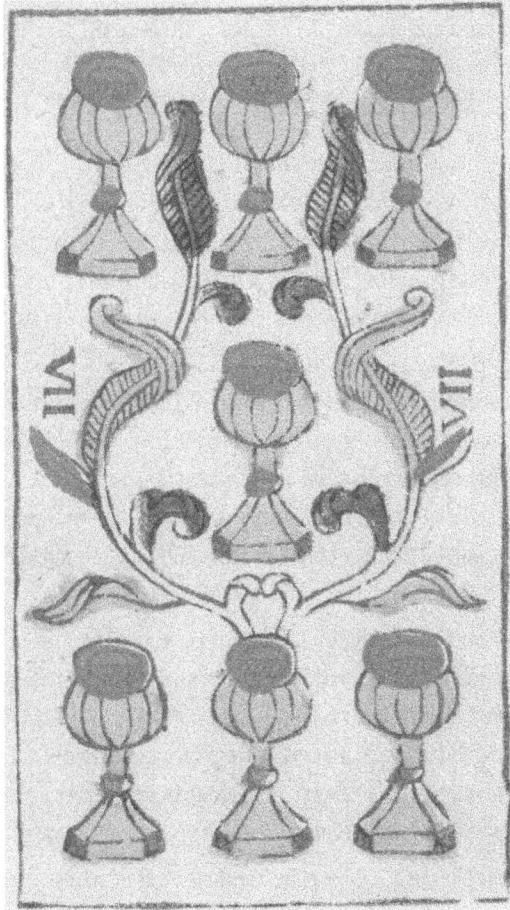

que tomaremos pasos concretos y manifestaremos nuestros sentimientos abiertamente a la persona que nos interesa.

Ocho de Copas

SIGNIFICADO ADIVINATORIO
Inestabilidad. Éxito o relación abandonada, quizás en pos de algo más alto. Vagabundeo. Desengaño amoroso, cambios en la familia.

INVERTIDA
Alegría, felicidad. Un nuevo amor o un nuevo interés en las cosas materiales, dejar nuestros intereses espirituales postergados.

El Ocho de Copas puede representar la búsqueda de una experiencia amorosa más profunda o significativa, o indicar que estamos insatisfechos con las relaciones superficiales y buscamos algo más auténtico y verdadero. También puede indicar un período en el que privilegiamos lo espiritual sobre lo sensual y decidimos alejarnos de nuestras relaciones.

Si estamos solos, el Ocho de Copas indica que nos estamos recuperando de un desengaño amoroso y nuestra situación es inestable. Todavía no decidimos qué queremos hacer con nuestra vida y estamos buscando nuevas opciones. Esta carta también puede referirse al paso que la gente joven da cuando abandona el hogar familiar, en busca de nuevas oportunidades.

Si estamos en una relación, el Ocho de Copas puede indicar que nos sentimos abrumados emocionalmente y necesitamos alejarnos para recuperarnos y encontrar una nueva perspectiva. Esto puede implicar, ya sea tomar una pausa en nuestras relaciones amorosas, o separarnos definitivamente (dependiendo de las cartas cercanas) para enfocarnos en nosotros mismos y en nuestro crecimiento personal.

En general, el Ocho de Copas sugiere la necesidad de que hagamos un cambio significativo en el área del amor y nuestras relaciones, ya sea para buscar algo más profundo o bien para tomar el tiempo que necesitemos para aclarar nuestras ideas y crecer espiritualmente. Esta carta puede indicar un alejamiento físico de nuestra familia o pareja, o simplemente referirse a una etapa de nuestra vida en la que no las ponemos en primer lugar, sino que nos concentramos en nuestro crecimiento espiritual.

Cuando se presenta invertida, esta carta indica todo lo contrario. Podemos esperar un nuevo amor o nuevas relaciones que nos llenarán de felicidad y entusiasmo.

Nueve de Copas

SIGNIFICADO ADIVINATORIO
Usted conseguirá lo que anhela. Victoria. Plenitud material completa. Felicidad, concordia. Bienestar físico.

INVERTIDA
Insatisfacción. Errores, complacencia, vanidad, inseguridad, pérdidas, disputas, imperfecciones, excesos de comida y/o bebida, excesiva indulgencia. No obtendrá lo que anhela.

El Nueve de Copas también es conocido como la carta del deseo realizado, y suele relacionarse con la satisfacción personal y la realización de nuestros deseos. En el amor, esta carta sugiere la posibilidad de encontrar la felicidad y la plenitud en una relación.

Si estamos solos, esta carta sugiere que pronto tendremos la oportunidad de conocer a alguien que cumpla nuestras expectativas y nos haga sentir felices y satisfechos, o que si ya conocemos a alguien, nuestros deseos se volverán realidad. También indica un período de plenitud física y claridad emocional, cuando sabemos lo que queremos y como obtenerlo.

Si ya tenemos pareja, esta carta indica que estamos experimentando una etapa de armonía y satisfacción con nuestra pareja, y que tenemos una relación sólida y duradera.

En lo general, el Nueve de Copas sugiere que es importante mantener una actitud positiva y agradecida hacia el amor y las relaciones en nuestra vida. Si hemos experimentado dificultades en el pasado, esta carta nos invita a confiar en nosotros mismos y a seguir trabajando para hacer realidad nuestros deseos y aspiraciones en el amor.

Cuando aparece invertida, esta carta indica que no conseguiremos lo que buscamos. En lo atinente al amor, conflictos y disputas no nos dejarán disfrutar de relaciones armoniosas con nuestra pareja o con nuestros seres queridos. El Nueve de Copas también nos previene contra los excesos de todo tipo, que pueden dañar, tanto nuestra salud física y emocional como nuestra vida social.

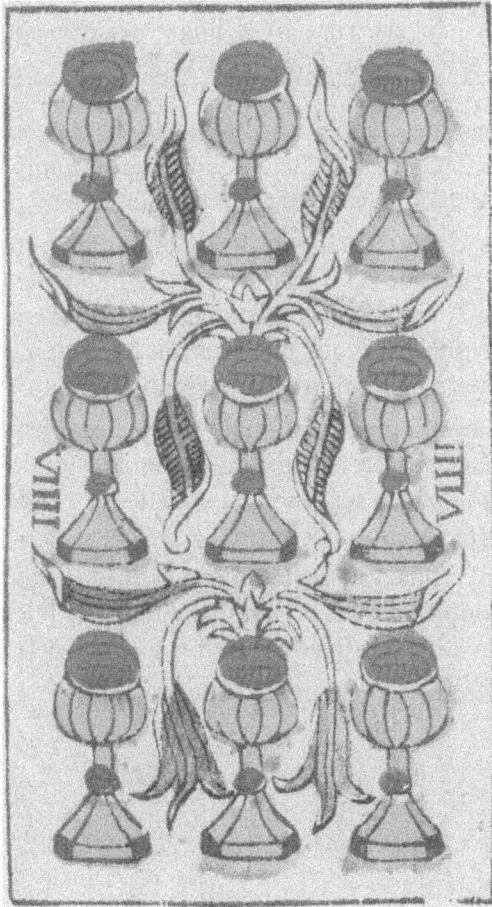

Diez de Copas

SIGNIFICADO ADIVINATORIO
Perfecto bienestar y amor, éxito perdurable, paz en el hogar, gran amistad, armonía. Predominio de los valores espirituales.

INVERTIDA
Seria disputa, violencia, riña en el hogar, traición, pérdida de una amistad. Libertinaje, abusos, infelicidad.

El Diez de Copas se asocia con la felicidad y la realización emocional en el ámbito amoroso y familiar. Representa el cumplimiento de un ciclo y la consecución de una relación estable, feliz, y profunda.

Si estamos solos, el Diez de Copas sugiere que tenemos buenas perspectivas de formar una familia. Esta carta puede indicar el final de un período de búsqueda y la llegada de una relación duradera y satisfactoria. También puede indicarnos que una relación que tenemos evolucionará hasta convertirse en una unión feliz y armónica.

Si ya tenemos nuestra propia familia o pareja, esta carta indica un período excelente, de gran comprensión, armonía y amor. Si surgiera algún problema, podremos superarlo y mantener una relación armoniosa y feliz con nuestra pareja.

Si se presenta invertida, esta carta indica disturbios con nuestra pareja. Nos previene contra los abusos o infidelidades que pueden arruinar la paz en el hogar. También puede referirse a riñas, o la traición de un amigo.

Sota de Copas

SIGNIFICADO ADIVINATORIO
Tranquilo y estudioso; gentil, amable y soñador. Buen augurio, noticias o proposición, quizás de matrimonio, o el nacimiento de un niño/a. Incierto comienzo de una relación, intento de clarificar los propios sentimientos.

INVERTIDA
Seductor, diletante, poco serio, inútil e indolente. Noticias desagradables, la felicidad es elusiva. Adulación, engaño, artificio.

La Sota de Copas se relaciona con la juventud, la sensibilidad, la creatividad y las emociones. En el amor, puede indicar el surgimiento de una nueva relación o un enamoramiento en proceso. Esta carta sugiere que estamos dispuestos a expresar nuestros sentimientos y a dejarnos llevar por nuestras emociones, sin embargo, también puede ser indicativa de una actitud un tanto inmadura o insegura en el amor. Las sotas generalmente indican personas jóvenes, que se están iniciando en la vida, esta sota en particular se refiere a alguien sensible, amable y que quiere iniciar una relación sentimental.

Si estamos solos, esta carta puede indicar un nuevo amor que llega a nuestra vida, o una noticia o proposición (incluso de matrimonio), que podemos efectuar o recibir. También nos dice que estamos abiertos al amor y lo conseguiremos.

Si la Sota de Copas aparece en una tirada relacionada con una relación existente, puede indicar que tenemos necesidad de comunicarnos y expresar mejor nuestros sentimientos para que la relación siga creciendo y fortaleciéndose. Es posible que estemos en busca de una conexión emocional más profunda y auténtica con nuestra pareja, o también puede indicar una energía de romanticismo y creatividad que estamos experimentando en nuestra relación actual, lo que puede llevar a momentos de intimidad y conexión emocional profunda.

En general, la Sota de Copas es una carta positiva en el amor y sugiere que debemos estar abiertos a las nuevas oportunidades y emociones que se presentan en nuestra vida social. Esta carta siempre sugiere una apertura al amor, la posibilidad de nuevas relaciones y un enfoque emocional hacia la vida amorosa.

VALET·DE·COVPE

Cuando aparece invertida, esta carta también puede sugerir relaciones amorosas, pero en este caso estamos en peligro se ser engañados, o quizás alguien nos adule para sacar provecho de nosotros. Asimismo, la Sota de Copas invertida puede indicar una relación con un playboy holgazán, que no es serio ni sincero y es excesivamente despreocupado.

Caballero de Copas

Significado adivinatorio
Llegada de un hombre joven, quizás un artista, sincero y abierto, atractivo y romántico, soñador indolente, pero bien intencionado, de placeres sensuales. Puede significar un mensajero, una proposición o una invitación. Atracción, oportunidad.

Invertida
Fraude, traición, engaño. Taimado y astuto, perezoso, sensual. Un Don Juan. Llegada de un anónimo, abuso de confianza, doble juego.

El Caballero de Copas se relaciona con la emotividad y el amor en su máxima expresión. Esta carta representa a un hombre joven y apuesto que se mueve con gracia y elegancia, siempre en busca de la realización de sus sueños y deseos más profundos. El Caballero de Copas indica un enfoque romántico, en el que el amor y la pasión son los principales motores. Esta carta sugiere la aparición de un hombre sensible, creativo, afectuoso y apasionado, que puede ser un gran compañero sentimental.

El Caballero de Copas sugiere que nos encontramos en una etapa de apertura emocional, dispuestos a explorar nuevas posibilidades románticas. Esta carta nos invita a conectarnos con nuestros sentimientos más profundos y a dejar que la intuición y el corazón nos guíen hacia el amor. En el aspecto externo, también puede indicar la llegada de un nuevo amor en nuestra vida, que nos atrae mucho, y cuyos principales ingredientes serán la sensibilidad y la pasión. Alguien nos ofrece una atractiva oportunidad, ¿la aceptaremos?

Cuando se presenta invertida, esta carta nos previene contra un Don Juan que intenta seducirnos, alguien que puede jugar con nuestros sentimientos para aprovecharse de nosotros sin darnos nada a cambio. Puede que intenten manipularnos, ya sea halagándonos, amenazándonos o hasta chantajeándonos. Este no es un tiempo propicio para confiar ciegamente en nadie, mantengamos la guardia en alto.

CAVALLIER·DE·COVPE

Reina de Copas

SIGNIFICADO ADIVINATORIO
Soñadora, tranquila, poética, imaginativa, amable, pero no dispuesta a tomarse muchas molestias para ayudar a otro. Leal, devota, adorable esposa y/o madre. Boticaria, herbolaria, farmacéutica. Don de visión, adivinadora, guardiana de los secretos. Felicidad y placer.

INVERTIDA
Mujer deshonesta, inmoral y viciosa. Seductora rompe-corazones, manipuladora. Indigna de confianza. Encerrarse en uno mismo, desconfianza, esconder las propias emociones; actuar con hostilidad, rechazando todo contacto emocional.

La Reina de Copas representa el amor, la intuición, la empatía y la sensibilidad. En el ámbito del amor, esta carta puede indicar una relación estable y profunda, basada en la confianza y el respeto mutuo. La Reina de Copas es una persona emocionalmente madura que sabe cómo manejar sus sentimientos de manera efectiva, lo que la convierte en una compañera afectuosa y comprensiva.

Si estamos solos, la Reina de Copas sugiere que podríamos estar buscando una conexión profunda y significativa con alguien que sea emocionalmente receptivo y comprensivo. La Reina de Copas también puede indicar que pronto conoceremos a alguien que será un gran apoyo emocional en nuestra vida. También puede ser una señal para que escuchemos nuestra intuición en las relaciones amorosas, ya que esta carta sugiere que nuestros instintos y sentimientos son sabios y confiables.

Si ya estamos en una relación, la Reina de Copas puede indicarnos que este es un momento en el que necesitamos abrirnos emocionalmente a nuestra pareja y expresar nuestros sentimientos más profundos. En general, la Reina de Copas es una carta que indica amor, compasión y apoyo emocional en las relaciones.

En general, la Reina de Copas indica que estamos en un momento de gran sensibilidad y comprensión emocional, y que necesitamos prestar atención a nuestros sentimientos y necesidades emocionales, conectándonos con nuestro ser más profundo. En lo externo, es un período para ser más simpatéticos con nuestras relaciones.

De aparecer invertida, la Reina de Copas puede indicar que estamos lidiando con sentimientos confusos y emociones intensas que pueden estar afectando negativamente nuestras relaciones amorosas. Nos estamos aislando de los demás y dejando que la desconfianza arruine nuestras relaciones sociales; no escondamos nuestras emociones. En lo externo la Reina de Copas puede indicar una seductora que intenta manipularnos, y es completamente indigna de confianza.

Rey de Copas

Significado adivinatorio
Un hombre familiarizado con la ciencia, arte, religión o filosofía. Médico, psicólogo, profesor, hombre de dios. Un buen amigo, liberal, idealista y creativo. Amable y dispuesto a tomar alguna responsabilidad o brindar ayuda. Jefe de familia. Madurez emocional.

Invertida
Malvado y despiadado. Indigno de confianza, mentiroso y vicioso. Doble juego. Cuidado con los engaños. Incapacidad de superar traumas pasados, visión negativa del mundo.

El Rey de Copas se asocia con la madurez emocional y los sentimientos profundos y sinceros. En el amor, esto puede indicar una relación estable, llena de afecto y compromiso emocional. Esta carta también se asocia con la comprensión y la empatía, lo que sugiere que en una relación, ambas partes pueden comunicarse de manera efectiva y comprender las necesidades del otro. Además, el Rey de Copas se asocia con la intuición y la inteligencia emocional, y puede simbolizar a una persona que nos apoya y comprende emocionalmente. En general, el Rey de Copas sugiere una relación emocionalmente satisfactoria y equilibrada.

Si estamos buscando una pareja, el Rey de Copas puede ser una señal de que debemos buscar a alguien que tenga las características descritas en el párrafo anterior, ya que es probable que sea un compañero amoroso y comprensivo. El Rey de Copas es el arquetipo del hombre maduro y de gran inteligencia emocional. Cuando se trata del amor, este arquetipo sugiere que una persona que tiene esta energía es un buen oyente, compasivo y empático. También es capaz de entender y expresar sus emociones de manera clara y efectiva.

Si se trata de una lectura en la que se pregunta por una pareja existente, este arquetipo puede indicar que nuestra relación es emocionalmente satisfactoria y equilibrada, y que ambas partes se respetan y apoyan mutuamente.

En caso de aparecer invertido, el Rey de Copas simboliza a alguien que nos engaña y sólo buscar sacar provecho de nosotros. En el aspecto interno, sugiere que tenemos un bloqueo emocional causado por traumas del pasado, y mientras no lo superemos, seguiremos teniendo proble-

mas para relacionarnos con los demás, debido a una desconfianza excesiva, que afectará adversamente a nuestras relaciones sociales y amorosas.

Los Arcanos Menores: Oros[1]

---

1   En el Tarot RWS los Oros se denominan Pentáculos, en el Tarot Thot, se lla-
man Discos.

131

As de Oros

SIGNIFICADO ADIVINATORIO
El dinero te sirve. El comienzo de la prosperidad y la riqueza. Logros, éxito. Perfecta satisfacción. Seguridad, bienestar material.

INVERTIDA
El dinero te domina. Problemas con el dinero, inseguridad. Prosperidad sin felicidad, corrupción por el dinero. Avaricia. Ostentación.

El As de Oros a menudo se asocia con la seguridad y las relaciones emocionales estables. En términos generales esta carta indica éxito, fortuna y prosperidad, tanto en la vida en general, como en el amor y las relaciones interpersonales. Es una carta que indica consolidación, lo que indica que las relaciones que tengamos fructificarán, y debido a que promete logros, es un buen momento para iniciar nuevas relaciones.

Si estamos solos, el As de Oros indica que nuestra vida es estable y estamos progresando. Aunque no es una carta que apunte específicamente a las relaciones sociales o el amor, el As de Oros puede indicar el comienzo de una nueva relación emocionalmente satisfactoria, porque tenemos el fundamento necesario para desarrollar relaciones satisfactorias y felices con otras personas, tanto en el ámbito de la amistad como el amor.

Si estamos en una relación, el As de Oros indica estabilidad y satisfacción. Este es un buen momento para compartir las buenas cosas de la vida con nuestra pareja y hacer planes pensando en el futuro.

En general, el As de Oros es una carta muy positiva que sugiere que nos encontramos en una etapa de nuestra vida en la que podemos lograr una gran estabilidad emocional, financiera y espiritual, lo que puede traducirse en un amor verdadero y duradero.

Cuando aparece invertida, en lo relacionado con el amor, el As de Oros indica que tratamos de aparentar lo que no somos, debido a nuestra inseguridad que intentamos ocultar detrás de una fachada de bienestar. Tampoco debemos fiarnos de las apariencias de los demás, seamos prudentes al establecer nuevas relaciones.

Dos de Oros

Significado adivinatorio
Altibajos de la suerte y/o del ánimo. Alternación de ganancia y pérdida. Equilibrio en el medio del cambio. Habilidad para adaptarse a nuevas circunstancias. Algunas complicaciones. Ambivalencia, avanzar y retroceder.

Invertida
Inseguridad. Dificultad para adaptarse a nuevas circunstancias. Incapacidad para llevar los proyectos a una conclusión exitosa.

El Dos de Oros indica una situación ambivalente, donde nada es seguro, aunque nosotros mantengamos nuestro equilibrio en medio del cambio. También puede sugiere inseguridad e indecisión, no sabemos si avanzar o retroceder.

Si estamos solos, el Dos de Oros puede sugerir que estamos en un período de muchos cambios, y quizás este no sea el mejor momento para establecer una relación permanente. Sin embargo, esta carta también nos dice que tenemos la versatilidad necesaria para establecer nuevas relaciones, que posiblemente serán transitorias; incluso sugiere que podemos llegar a manejar varias relaciones simultáneamente.

Si estamos en una relación, esta carta puede indicar que hay una buena comunicación y una distribución equilibrada de las responsabilidades en la pareja, aunque la relación no es estable, sino que está en evolución y pueden surgir algunas complicaciones. Por otro lado, el Dos de Oros también puede indicar la necesidad de hacer ajustes y cambios en la relación para mantener el equilibrio. Puede que haya aspectos que necesiten ser reconsiderados o renegociados para evitar desequilibrios que puedan poner en riesgo la relación.

El Dos de Oros no nos dice adonde se dirige la relación que tenemos, la ambivalencia que lo caracteriza bien puede indicar una relación que no va a ningún lado, como también referirse a una relación que se está desarrollando. En todo caso, las cartas vecinas son las que darán el dictamen final.

En general, el Dos de Oros es una carta que habla de adaptación y flexibilidad en las relaciones amorosas, y de la importancia de mantener un

equilibrio entre dar y recibir para que las relaciones sean satisfactorias, en el medio de una situación cambiante.

En caso de aparecer invertida, esta carta indica estamos estresados por las complicaciones e incertidumbre de este período. Si ya estamos en una relación, puede que no sepamos como hacer los ajustes necesarios para adaptarnos a la situación cambiante en la que nos encontramos, lo cual puede perjudicar nuestra relación. En caso de estar solos, nos costará mucho poder establecer relaciones amorosas, porque somos demasiado rígidos y nos cuesta mucho adaptarnos a los cambios y las novedades.

Tres de Oros

SIGNIFICADO ADIVINATORIO
Tarea bien realizada, maestría. Progreso material, transacciones comerciales. Prestigioso miembro de una cofradía.

INVERTIDA
Incapaz e irresponsable. Habilidad o conocimiento insuficiente para lograr lo que se pretende. Esfuerzos inútiles, obstinado, incapaz de aprender de sus errores. Más preocupación por la ganancia que por la calidad del trabajo. Es similar al Ocho de Oros invertido en cuanto al trabajo deficiente, pero en este caso caracteriza más bien a un incapaz que un estafador. Disminución del patrimonio, del rango y del estatus social

El Tres de Oros a menudo se asocia con el trabajo en equipo, la colaboración y la creación conjunta. En el amor, esta carta puede indicar un período de cooperación y armonía dentro de una relación.

Si estamos solos, es posible que encontremos a alguien con quien podamos trabajar en equipo y crear una conexión fuerte y duradera. También puede ser un momento en el que estemos considerando comprometernos seriamente con alguien, tal vez comenzando a construir una vida juntos. El Tres de Oros sugiere que cualquier esfuerzo que hagamos para sacar adelante un proyecto de vida con otra persona valdrá la pena, ya que los frutos de nuestra colaboración serán duraderos y gratificantes.

Si estamos en una relación, el Tres de Oros enfatiza la importancia de la comunicación y la planificación para mantener nuestra pareja saludable y equilibrada. Además, esta carta puede sugerir que es un buen momento para involucrarnos en actividades creativas o proyectos compartidos con nuestra pareja. También indica que tenemos una posición destacada dentro de la familia.

En general, esta carta sugiere una relación sólida y armoniosa en la que se valora la colaboración en la familia para llevar adelante planes en común. Es un buen momento para cultivar nuevas relaciones amorosas con personas de nuestro mismo campo de actividad.

Si aparece invertida, esta carta indica que uno de los miembros de una pareja es incapaz de mantener una relación saludable, por su falta de

seriedad y responsabilidad; las cartas vecinas pueden esclarecer si esto se refiere a nosotros o a nuestra pareja. Si queremos formar una nueva relación, este no es buen momento, porque no seremos capaces de hacerlo.

Cuatro de Oros

Significado adivinatorio
Control y estructura. Poder. Ganancia y seguridad materiales. Un regalo o una herencia. Avaricia, materialismo. Hasta cierto punto se asemeja al 9 de Oros con la dupla control/descontrol y herencia.

Invertida
Descontrol, falta de estructura. Limitación, obstáculos, revés material, pérdidas, incertidumbre y retraso, despilfarro.

El Cuatro de Oros a menudo se interpreta como una carta de apego material y emocional, en lugar de amor puro y desinteresado. Esta carta sugiere que somos celosos y posesivos en nuestras relaciones. También indica renuencia al cambio.

Si estamos solos, el Cuatro de Oros indica que estamos demasiado apegados a ciertas ideas sobre lo que debería ser una relación, o que tenemos miedo de salir de nuestra zona de confort para buscar algo más significativo. Es posible que necesitemos trabajar en nuestra autoestima y en nuestra capacidad para confiar en los demás para encontrar una relación amorosa satisfactoria y saludable. Sin embargo, esta carta también nos dice que podemos recibir una agradable sorpresa, alguien está interesado en nosotros y tenemos la posibilidad de establecer una relación satisfactoria.

Si estamos en una relación, el Cuatro de Oros indica estabilidad, y dedicación a la relación/familia; somos protectores y tomamos todas las precauciones posibles para poner nuestra relación a recaudo del peligroso mundo exterior. Debemos tener cuidado de no extremar esos cuidados y precauciones, que pueden llegar a ser demasiado restrictivos.

En general, el Cuatro de Oros sugiere que es importante encontrar un equilibrio entre la seguridad material y la libre expresión emocional en las relaciones amorosas. Es posible que necesitemos dejar un poco a un lado a nuestros miedos y preocupaciones para abrirnos a una relación más profunda y significativa.

Cuando está invertido, el Cuatro de Oros indica que, si tenemos una relación, se caracteriza por el descontrol y los excesos, quizás no sepamos poner límites a nuestra pareja, o puede que nosotros mismos somos los que carecemos de toda mesura, es decir que hay excesos que

no sabemos como atemperar en nuestra relación. Si estamos solos, no es una carta prometedora para el amor, ya que indica obstáculos y limitaciones.

Cinco de Oros

SIGNIFICADO ADIVINATORIO
Pobreza, indigencia, penurias, inseguridad, pérdida de dinero o del empleo. Buena suerte en el amor, amantes, amor o amistad que se encuentra en el medio de los problemas.

INVERTIDA
Nuevo empleo u oportunidad. Trabajo productivo. Mala suerte en el amor.

El Cinco de Oros generalmente se asocia con las penurias económicas y la falta de estructura en nuestra vida, pero en cuanto al amor significa amantes. Nos promete buena suerte en el amor.

Si estamos solos, esta carta indica que, aunque estamos atravesando una época de penurias económicas e inseguridad, encontraremos alguien a quien amar, que nos brindará consuelo.

Si estamos en pareja, el Cinco de Oros puede indicar que las dificultades financieras o materiales están afectando a nuestra relación. Este es un buen momento para acercarnos a nuestra pareja y compartir con ella los sentimientos de nuestro corazón, aunque, de momento, el mundo exterior se presente hostil, siempre podremos regocijarnos y apoyarnos en el amor de nuestros seres queridos. Tampoco podemos olvidar el significado literal de esta carta: amantes; es decir que el Cinco de Oros sugiere que podemos establecer una relación con alguien más, que nos ofrezca soporte emocional.

En general el Cinco de Oros se relaciona con dificultades y falta de recursos en lo material, pero en lo emocional, nos indica que podremos disfrutar de una relación estrecha con alguien que nos ofrecerá consuelo.

En caso de aparecer invertido, el Cinco de Oros plantea un panorama exactamente inverso. Tendremos mala suerte en el amor, pero prosperaremos materialmente.

Seis de Oros

SIGNIFICADO ADIVINATORIO
Prosperar y compartir con los demás. Equilibrio de ingresos y egresos. Regalos, aumento de sueldo. Situación transitoria.

INVERTIDA
Orgulloso de su riqueza, despilfarrador, caridad para aparentar. Ofrecer un soborno, envidia, celos, deudas incobrables.

El Seis de Oros representa la generosidad y el equilibrio en las relaciones. En el amor, este arcano puede indicar una relación en la que ambas partes comparten libremente sus emociones y posesiones, es una relación basada en la colaboración y el apoyo mutuo.

Si estamos solos, el Seis de Oros nos promete que pasaremos, por un período de intensas relaciones sociales, marcadas por el equilibrio. Dado que uno de sus significados es regalo, es posible que recibamos los favores de una persona. También indica que estamos buscando una relación en la que exista la reciprocidad del dar y el recibir, o que estamos siendo generosos con los demás y que esta actitud es valorada y apreciada por las personas con las que nos relacionamos.

Si ya estamos con alguien, esta carta indica un excelente equilibrio, una relación en la que ambas partes se comunican y ayudan entre sí amorosamente.

En general, el Seis de Oros indica que debemos balancear lo que damos y lo que recibimos, es bueno ser generosos con los demás, pero tampoco debemos dejar que otros abusen de nosotros, sin ofrecer nada a cambio. Lo que esta carta nos enseña es que en las relaciones interpersonales, todo es un juego de toma y daca, pero debemos ser generosos y aceptar que no todas nuestras buenas obras obtendrán la reciprocidad de los demás.

Si la carta aparece invertida, es un signo de celos, de querer monopolizar los favores de alguien o pretender recibir algo sin ofrecer nada a cambio. También indica una actitud pretenciosa, es decir aparentar que uno tiene cualidades que en realidad no posee.

Siete de Oros

SIGNIFICADO ADIVINATORIO
Decepción, preocupaciones monetarias, codicia, ansiedad, excesivas pretensiones, especulación imprudente, pérdida de dinero, préstamo impago, resultado mísero, retraso.

INVERTIDA
Éxito retrasado después de un trabajo duro. Trabajo realizado por amor al trabajo, pero sin esperar retribuciones materiales.

El Siete de Oros sugiere la necesidad de reflexionar y tener paciencia cuando se trata del amor y las relaciones personales. Puede indicar que estamos tomando un tiempo para evaluar nuestras opciones y considerar qué camino debemos seguir en nuestras relaciones. Es posible que sintamos que hemos estado invirtiendo mucho en una relación y aún no hemos visto los resultados esperados, por lo que puede ser necesario evaluar si vale la pena seguir adelante o si si es mejor dejar atrás esa relación, pero no debemos ser impacientes ni desesperar, no nos apresuremos a descartar a nadie.

Si estamos solos, el Siete de Oros es un signo de que debemos tener paciencia y seguir trabajando en nuestra relaciones, incluso si no obtenemos resultados a corto plazo.

Si ya estamos en una relación, el Siete de Oros puede indicar que la relación se encuentra en una etapa de evaluación, en la que ambos miembros de la pareja están reflexionando acerca de lo que han invertido en la relación y preguntándose si están obteniendo lo que esperan de ella. Puede ser un momento para ser paciente y ver si los esfuerzos realizados en la relación darán sus frutos a largo plazo. Esta carta también puede sugerir la necesidad de hacer ajustes y cambios en la relación para que sea más satisfactoria y valiosa.

Si aparece invertido, el Siete de Oros tiene un significado similar, lo que cambian son nuestros sentimientos; cuando la carta aparece al derecho indica preocupación y duda, porque no se obtienen resultados inmediatos, invertida, tampoco se obtienen resultados inmediatos, pero eso no nos causa ansiedad. En este caso, hacemos lo que nos parece mejor sin inquietarnos por obtener resultados a corto plazo, porque sabemos que, a la larga, todo se balancea en la vida.

Ocho de Oros

SIGNIFICADO ADIVINATORIO

Prudencia, dedicación, avance rutinario y paciente. El primer paso en una provechosa profesión. Aprendiendo un negocio o profesión. Habilidad en asuntos materiales. Salud, equilibrio, estabilidad.

INVERTIDA

Busca de ganancias inmediatas sin preocuparse por los resultados a largo plazo. Atención a las apariencias y descuido de cosas importantes, vanidad, codicia, estafa, extorsión, usura, hipocresía. Impaciencia, insatisfacción con las circunstancias actuales. Similar al 3 de Oros invertido, pero mucho más negativo.

El Ocho de Oros se relaciona con el trabajo, la dedicación y la habilidad para perfeccionarnos en una tarea. En cuanto al amor, puede indicar que nos estamos enfocando en nuestra carrera o en mejorar nuestras habilidades en algún ámbito, lo que puede llevar a que nuestra vida social y amorosa se vea afectada o pospuesta, pero esta carta también puede referirse a una relación que nos interesa mucho, y que se desarrolla lentamente, que vamos estableciendo paso a paso.

Si estamos solos, esta carta puede indicar que es un buen momento para centrarnos en nosotros mismos y en nuestro desarrollo personal antes de buscar una relación seria. Sin embargo, también puede referirse a una relación que avanza lentamente, pero sin parar, sin grandes alardes, pero con seriedad.

Si ya estamos en una relación, el Ocho de Oros nos insta a cuidar de todos los pequeños detalles que ayudan a hacer que una relación crezca y perdure. Más que grandes gestos, esta carta nos dice que debemos ocuparnos de las pequeñeces de la vida cotidiana, mostrar gentileza y consideración con nuestra pareja, y darle la atención que merece.

En general, el Ocho de Oros sugiere un enfoque en el crecimiento personal y profesional, lo que puede influir en nuestra vida amorosa, pero sólo a largo plazo. Esta carta también nos enseña que debemos ocuparnos de ofrecer buen trato cotidiano a nuestras relaciones, para que estas florezcan y perduren. Resumiendo, ocupémonos de nosotros mismos, pero no descuidemos a nuestras relaciones.

Cuando aparece invertida, esta carta indica que debemos cuidarnos de alguien que quiere sacar ventaja de nosotros, fingiendo sentimientos que no son reales, una persona que solo sabe tomar, pero no dar. También nos enseña a ser pacientes y a no tomar atajos en el amor, no hagamos trampa, seamos sinceros.

Nueve de Oros

SIGNIFICADO ADIVINATORIO
Logros, prudencia, estabilidad, autodisciplina, independencia. Sabiduría práctica limitada al propio dominio. Disfrute solitario de las buenas cosas de la vida. Herencia (si otras cartas también lo confirman).

INVERTIDA
Decepción. Pérdidas materiales o de una amistad. Proyecto cancelado. Robo, engaño, descuido.

El Nueve de Oros a menudo se interpreta como una carta de estabilidad y logros materiales, lo que puede indicar independencia y autosuficiencia en el amor, es decir que somos capaces de cuidar de nosotros mismos y no necesitamos depender de otra persona para sentirnos completos.

Si estamos solos, el Nueve de Oros sugiere que estamos disfrutando de la vida y siendo exitosos en nuestra carrera y/o finanzas, lo que a su vez puede hacer que atraigamos a alguien que valora esas cualidades. También puede ser un recordatorio para tratar de abrirnos un poco más al mundo, para salir de nuestra zona de confort y disfrutar más plenamente de la vida.

Si ya estamos en una relación, el Nueve de Oros puede sugerir que estamos disfrutando de una relación estable en la que nos sentimos seguros y confortables. Sin embargo no debemos caer en la rutina ni postergar nuestra relación a un segundo lugar, como tampoco descuidar nuestra vida social. También puede indicar una pareja con poca vida social, que vive en su propio mundo.

En general, el Nueve de Oros indica estabilidad y una vida tranquila, circunscrita al área en la que nos sentimos seguros. En el amor, indica una relación estable y armónica, pero si estamos solos no es un augurio muy prometedor.

Si aparece invertida, esta carta nos previene contra engaños y gente que pretende aprovecharse de nuestra buena fe. Puede que una relación amorosa termine o un amigo se aleje.

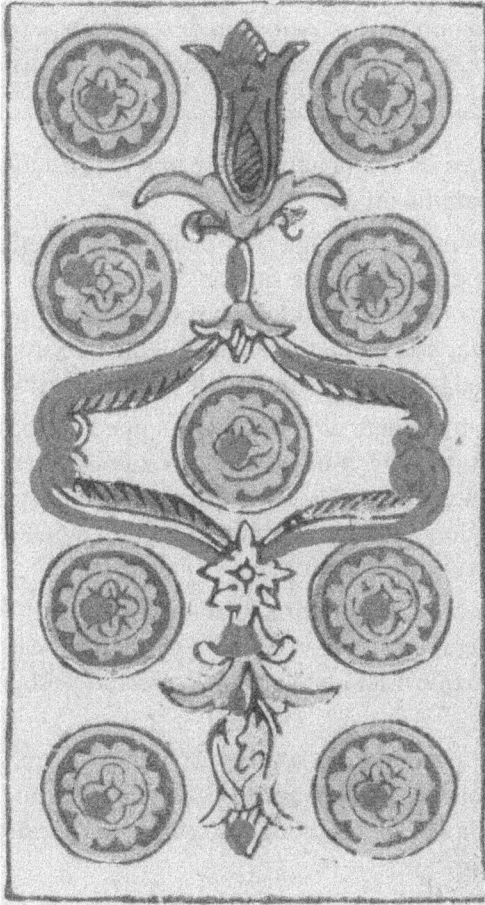

Diez de Oros

SIGNIFICADO ADIVINATORIO
Prosperidad familiar, éxito, seguridad material. Asuntos de familia, compra de una casa o negocio, dominios, herencia.

INVERTIDA
Desgracia en la familia, los viejos pueden ser una carga pesada. Pérdida o problemas con una herencia. Riesgo monetario, robo, juego, disipación.

El Diez de Oros es una carta que sugiere una vida estable y próspera en el seno de una familia unida.

Si estamos solos, esta carta sugiere la posibilidad de encontrar una relación estable y duradera en la que ambos miembros de la pareja se apoyen mutuamente y trabajen juntos para construir una vida común, pero para alcanzar esta meta, sería conveniente que ampliásemos nuestro entorno social más allá del ámbito de nuestra familia.

Si ya estamos con alguien, el Diez de Oros puede indicar una relación en la que disfrutamos de gran armonía y estabilidad emocional, como también beneficios materiales y seguridad financiera para ambas partes. Es una relación sólida y estable en la que ambos miembros de la pareja se sienten seguros y cuidados.

En general, esta carta sugiere una relación floreciente, que tiene el potencial de prosperar en el futuro. También puede indicar un compromiso o matrimonio que traerá una gran satisfacción y estabilidad emocional y financiera.

Si aparece invertida, esta carta sugiere problemas en nuestras relaciones o familia. La estabilidad se desvanece y es suplantada por la incertidumbre. Puede que la irresponsabilidad de otros nos ocasiones pérdidas y una amarga decepción.

Sota de Oros

Significado adivinatorio
Tranquilo y estudioso, práctico, instruido, investigador, cuidadoso, amable, generoso, reflexivo, introvertido. Buen administrador. Portador de buenas noticias o mensajes relacionados con dinero.

Invertida
Irresponsable, despilfarrador, ilógico, rebelde. Falta de propósito, incapaz de perseverar en nada. Malas noticias. Pérdida de dinero.

La Sota de Oros es a menudo vista como un mensajero o portador de noticias relacionadas con el trabajo, las finanzas y el éxito material. En el contexto del amor, puede representar un enfoque práctico y pragmático en las relaciones, donde se busca construir una base sólida y estable para el futuro en pareja.

Si estamos solos, la Sota de Oros sugiere que este es un buen momento para centrarnos en nuestra metas y en nuestra carrera profesional, y que posiblemente conoceremos a alguien que comparta nuestros valores y objetivos. También puede indicar que hay alguien joven y serio, pero un poco tímido, que se interesa por nosotros.

Si estamos en una relación, esta carta sugiere que debemos prestar más atención a las necesidades financieras y de estabilidad de nuestra relación. También puede indicar que es un buen momento para invertir tiempo y esfuerzo en el desarrollo de habilidades prácticas y financieras que puedan ayudarnos a crear una vida estable y segura para nuestro grupo familiar.

En general, la Sota de Oros es una carta que nos anima a ser prácticos y a buscar la estabilidad y la seguridad en nuestras relaciones amorosas. Como todas las Sotas, esta carta indica noticias y mensajes, y enfatiza que, en cualquier relación, es importante mantener los canales de comunicación fluidos.

Si la Sota de Oros se presenta invertida, puede referirse a alguien que no sabe manejar el dinero ni organizar su vida, un rebelde sin causa que no sabe adonde va. Esta carta nos previene contra personas con esas características y nos recomienda organizar nuestra vida de una manera más racional.

Caballero de Oros

SIGNIFICADO ADIVINATORIO
Maduro y responsable, metódico, práctico, perseverante, laborioso, servicial y confiable. Un administrador capacitado. Asuntos importantes relacionados con el dinero. Va en busca de la fortuna y sabe defenderla. Vendedor ambulante. Expresión productiva de creatividad.

INVERTIDA
Poco confiable. Perezoso, estrecho de miras, descuidado o torpe, desocupado. Estancamiento, incapaz de adaptarse. Persigue la fortuna sin lograr obtenerla.

El Caballero de Oros representa un enfoque práctico y estable en las relaciones amorosas. Este caballero es leal, trabajador y confiable, lo que lo convierte en un buen compañero de vida para alguien que busca una relación estable.

Si estamos solos, esta carta puede indicar que estamos buscando una relación seria y comprometida que tenga la posibilidad de conducir a algo duradero. El Caballero de Oros puede indicar la característica de una persona con las que estamos en contacto o el tipo de relación que sería adecuada para nosotros.

Si ya estamos en una relación, el Caballero de Oros indica un compromiso sólido y una dedicación a hacer que la relación funcione. Puede significar que estamos trabajando duro para mantener nuestra relación sobre una base sólida y que estamos comprometidos a hacer lo que sea necesario para hacerla funcionar a largo plazo.

En general, el Caballero de Oros es un buen augurio para el amor y las relaciones, especialmente si estamos buscando una relación seria y comprometida. Por supuesto, todo depende de las cartas que lo flanqueen; de por sí, el Caballero de Oros no es una personalidad romántica, sólo si está acompañado de una o más cartas relacionadas con los sentimientos (como las copas, en general), significaría una vinculación sentimental.

En caso de aparecer invertida, esta carta simboliza a una persona que no es confiable ni capaz, alguien torpe y descuidado. En lo atinente a las relaciones interpersonales, esta falta de cualidades positivas no augura nada bueno para las mismas.

CAVALLIER DE DENIER

Reina de Oros

SIGNIFICADO ADIVINATORIO
Mujer buena, rica y caritativa, de gran corazón. Pragmática, realista, liberal y tranquila, pero ambiciosa. Prosperidad, seguridad. Fortuna a través de una mujer. Es la madre tierra, generosa en dones. Confianza en uno mismo, atrevimiento, certeza.

INVERTIDA
Presuntuosa, negligente, voluble, necia. Desconfiada e insegura, miedosa. Resistencia al cambio. Sospecha, hostilidad. Solo le importa el dinero.

La Reina de Oros se relaciona con la prosperidad, la seguridad material y la generosidad. Esta carta simboliza a una mujer con las características descritas en el significado adivinatorio, alguien con sentido común, que sabe lo que vale, pero no usa sus ventajas en detrimento de los demás, sino para ayudarlos. Esta persona puede ser una gran ayuda para el consultante, si las cartas vecinas lo confirman.

Si estamos solos, esta carta indica una mujer generosa y buena, con quien, dependiendo de las cartas vecinas, podremos establecer una relación de amistad o amor. La Reina de Oros, también puede indicar que una mujer nos apoyará en nuestros proyectos.

Si ya estamos en pareja, la Reina de Oros indica una actitud práctica y racional, pero también magnánima, hacia las relaciones amorosas, y promete estabilidad. La Reina de Oros es madura y responsable en sus relaciones, y valora la honestidad y la lealtad en su pareja.

En resumen, la Reina de Oros enfatiza la importancia de la responsabilidad y la habilidad de compartir, para poder sostener relaciones satisfactorias y duraderas.

Si está invertida, la Reina de Oros indica a una persona insegura, que intenta presentar una fachada grandiosa al mundo, y sólo sabe recibir, no dar. Posiblemente no sea una mala persona, pero no es confiable y fácilmente puede tornarse en nuestra contra.

REYNE·DE·DENIER·

Rey de Oros

Significado adivinatorio
Firme, flemático, inteligente, capaz en matemática y finanzas, amigo y/o esposo leal y generoso, comerciante próspero, banquero, jefe experimentado. Lento para la ira, pero implacable si es provocado. Inversiones juiciosas, confianza y seguridad, una visión prudente pero optimista. Búsqueda de nuevos logros mientras se mantienen seguros los activos existentes. Amistoso con el consultante.

Invertida
Corrupto, avaro, infiel, viejo y vicioso, tahúr, prestamista, especulador. Mago negro. Peligroso si se entra en conflicto con él. Un mal administrador, inversión fallida. Insatisfacción con lo que ya se tiene. Una visión limitada.

El Rey de Oros simboliza un hombre maduro y exitoso que tiene una gran estabilidad financiera y un enfoque práctico en la vida. Cuando se trata del amor, esta carta indica que somos capaces de comprometernos en una relación estable y duradera. La energía del Rey de Oros sugiere que la relación estará basada en la confianza, la lealtad y el respeto mutuo. Esta carta también indica que el éxito en la carrera profesional y financiera puede afectar positivamente la vida amorosa y proporcionar una base sólida para una relación duradera y próspera.

Si estamos solos, el Rey de Oros indica que somos sumamente prudentes y tratamos de planificar nuestra vida de antemano, para disminuir los riesgos. Posiblemente esta no sea la forma más adecuada de acercarnos al amor, que puede beneficiarse de una actitud más flexible, pero es nuestro estilo. Cuando esta carta se refiere a alguien a quien conocemos, el Rey de Oros indica un hombre con las características indicas en el significado adivinatorio, que, dependiendo de las cartas vecinas, puede ser amistoso, o quien podremos entablar una relación. Es alguien confiable y tranquilo, pero si lo traicionamos, será implacable con nosotros.

Si ya estamos en pareja, el Rey de Oros puede indicar que nuestra relación se basa en la estabilidad y la prudencia, y que ambas partes trabajan juntas para construir un futuro seguro. No es una carta que prometa gran excitación, pero sí garantiza estabilidad y seguridad.

ROY·DE·DENFR·

En resumen, el Rey de Oros sugiere la búsqueda de seguridad y estabilidad en las relaciones de pareja, ya sea a través de la elección de una
pareja con estas características o, si ya estamos en pareja, trabajando en
conjunto para construir una vida estable y próspera.

Si el Rey de Oros aparece invertido caracteriza a un hombre peligroso
que es conveniente evitar; si no lo molestamos no nos causará problemas, pero no es conveniente relacionarnos con él. En cuando a una relación, es un mal augurio, que presagia insatisfacción y errores.

Los Arcanos Menores: Espadas

As de Espadas

Significado adivinatorio
Conquista. Triunfo logrado a pesar de los obstáculos. Actividad intensa, firme y claro propósito. Gestación o parto. Es una carta de excesos.

Invertida
Excesos. Desastre o conquista seguida por un desastre, mal uso del poder, desequilibrio, confusión. Gran pérdida.

El As de Espadas representa nuevos comienzos, claridad mental, toma de decisiones y acción. En cuanto al amor, esta carta puede indicar que estamos listos para tomar decisiones importantes que afectarán nuestra relación o para comenzar una nueva relación con claridad mental y determinación. El As de Espadas nos enseña que la comunicación clara y directa es necesaria para avanzar en nuestras relaciones.

Si estamos solos, el As de Espadas nos sugiere que dejemos atrás las emociones negativas del pasado y abracemos un nuevo comienzo en el amor; cortemos con lo viejo y atrevámonos a buscar algo nuevo. Si hay obstáculos en nuestro camino, sólo podremos atravesarlos con determinación. Seamos audaces en el amor.

Si ya estamos en pareja, el As de Espadas puede indicar una separación o la ruptura dolorosa de una relación, o quizás un conflicto emocional interno, que debemos superar para aclarar una relación amorosa. Es posible que necesitemos tomar una decisión difícil o enfrentar una verdad desagradable sobre nuestra situación amorosa. En algunos casos, también puede indicar un nuevo comienzo en el amor, pero para estar bien encaminados es preciso que nos expresemos con claridad y firmeza. Otro de los significados de esta carta es gestación o parto (si otras cartas lo confirman).

En general, el As de Espadas sugiere una confrontación, pero también una oportunidad para encontrar la verdad y la claridad en una relación. Esta carta también nos previene contra los excesos, es bueno tener metas claras y avanzar con audacia, pero no debemos abusar de los demás; si lo hacemos, todos nuestros triunfos serán efímeros, porque las relaciones estables no pueden mantenerse de esa forma.

Si el As de Espadas está invertido indica que no hemos manejado bien nuestras relaciones sociales y/o amorosas, y pagaremos caros los abusos

cometidos. Por supuesto, si las cartas vecinas vinculan el As de Espadas con otra carta de la corte, estos abusos pueden provenir de otra persona. En todo caso, invertido, el As de Espadas sugiere al final de una relación.

Dos de Espadas

SIGNIFICADO ADIVINATORIO
Equilibrio. Fuerzas balanceadas, empate. Marcar límites claros. Firmeza, coraje. Amistad, camaradería. La voluntad se forja en la lucha.

INVERTIDA
Discordia. Descontrol. Traición, mentiras, deslealtad, falsos amigos.

El Dos de Espadas representa el antagonismo de dos fuerzas opuestas, una relación donde ambas partes se respetan mutuamente y mantienen un equilibrio dinámico.

Si estamos solos, esta carta puede indicar que tendremos más posibilidades de tener nuevas amistades que nuevos amores. Hay un límite claro entre la amistad y el amor, que no siempre es posible cruzar, y esta carta nos dice que debemos de tener claros los límites para evitar posibles conflictos.

Si ya estamos en pareja, el Dos de Espadas puede indicar tensiones y antagonismos en nuestra relación, que con comunicación clara y honestidad, podremos superar o manejar. Puede sugerir que tendremos que tomar una decisión importante y que debemos elegir entre dos opciones. También puede indicar una necesidad de equilibrio y armonía en nuestra relaciones amorosas. Es aconsejable que no tomemos decisiones apresuradas, sino nos permitamos un tiempo para reflexionar y considerar cuidadosamente nuestras opciones antes de tomar una decisión.

En resumen, el Dos de Espadas nos recuerda que debemos ser honestos con nosotros mismos y con los demás acerca de nuestros sentimientos, y que tenemos que saber como mantener el equilibrio en nuestras relaciones, marcando límites claros.

Cuando aparece invertido, el Dos de Espadas indica que se rompió el equilibrio y que una de las partes de una relación engañará o traicionará a su pareja. Esta carta nos aconseja ser precavidos y mantener la guardia alta contra las mentiras y los falsos amores y amigos.

Tres de Espadas

SIGNIFICADO ADIVINATORIO
Aflicción, lágrimas, melancolía, separación, divorcio, contienda, conflicto, aplazamiento, ausencia. Para una mujer: la huida de su amante.

INVERTIDA
Tiene un significado similar, pero atenuado: confusión, error, alienación, separación. Una monja.

El Tres de Espadas es una carta que refleja dolor y aflicción. En el amor, puede representar una separación dolorosa o una traición que causa un gran sufrimiento. Puede indicar un período de luto, tristeza y dolor emocional después de una ruptura o un desengaño amoroso.

Si estamos solos, el Tres de Espadas nos enseña que mientras no dejemos atrás la penas y la añoranza de las personas que ya quedaron en el pasado, no podremos salir adelante ni establecer buenas relaciones con otras personas. También puede indicar una relación presente, problemática y conflictiva; si no podemos solucionar los conflictos es mejor terminar con cualquier relación de estas características.

Si ya estamos en una relación, el Tres de Espadas sugiere falta de comunicación o una situación en la que dos personas no están en la misma página emocionalmente y no pueden encontrar una manera de reconciliarse. Esta carta puede indicar una separación o conflicto temporal, infidelidad, o incluso divorcio, dependiendo de las cartas vecinas.

En general, el Tres de Espadas es una carta que sugiere que necesitamos tiempo para sanar y recuperarnos antes de poder avanzar en una nueva relación. Si ya estamos en una relación, indica muchos conflictos; somos nosotros quienes debemos decidir si es posible salvarla o si es mejor abandonarla.

Cuando aparece invertida, los significados de esta carta son similares, pero atenuados. Sigue siendo una carta mala para el amor, pero más que grandes conflictos, indica confusión y desacuerdos, alejamiento temporal, soledad.

Cuatro de Espadas

SIGNIFICADO ADIVINATORIO
Tregua, soledad, estancamiento, restricción. Recuperación de la salud luego de una enfermedad, puede indicar hospitalización. Retiro espiritual, meditación. Exilio.

INVERTIDA
Actividad renovada. Se recomienda prudencia, discreción y economía.

El Cuatro de Espadas sugiere que debemos tomarnos un tiempo para reflexionar y meditar, y puede indicar un período de descanso y recuperación después de un momento difícil. En cuanto al amor, esta carta puede señalar la necesidad hacer una tregua en una relación en conflicto, alejarnos un poco, y reflexionar sobre lo que realmente queremos hacer. Necesitamos hacer una pausa en las discusiones o conflictos en una relación para poder procesar nuestras emociones y volver con una perspectiva más clara y calmada.

Si estamos solos, el Cuatro de Espadas puede indicar que este es un buen momento para pausar nuestra vida social y centrarnos en nosotros mismos y nuestro desarrollo espiritual. Usemos este tiempo para reflexionar sobre lo que queremos en una relación y para sanar cualquier herida emocional que podamos tener antes de buscar un nuevo amor.

Si estamos en una relación, el Cuatro de Espadas sugiere que puede ser útil dar un paso atrás y reflexionar sobre lo que realmente queremos y necesitamos de la relación. Si hemos estado pasando por un momento difícil con nuestra pareja, esta carta indica que este puede ser un buen momento para tomarnos un tiempo para recuperar nuestro equilibrio antes de intentar solucionar las cosas.

En general, el Cuatro de Espadas indica un tiempo de retiro y soledad, cuando nos alejamos temporalmente de nuestras relaciones y tratamos de calmarnos, meditando y viendo las cosas desde una nueva perspectiva.

Cuando esta carta está invertida, indica que superaremos gradualmente el estado de reclusión en el que nos hallamos y volveremos a abrirnos a las relaciones sociales y el amor, pero nos aconseja hacerlo poco a poco, paso a paso.

Cinco de Espadas

Significado adivinatorio
Despojo, derrota, crisis, humillación, deshonor, degradación, demo-ción, pérdida, impotencia, calumnia. Sólo queda aceptar lo inevitable. Alternativamente, renunciar a algo para evitar un conflicto que no puede ganarse.

Invertida
Angustia, futuro incierto, peligro de pérdida o derrota, advertencia contra el orgullo y la traición. Funeral, duelo, desgracia de un amigo. Debilidad, seducción.

El Cinco de Espadas puede ser una carta difícil en lo concerniente al amor y las relaciones. Esta carta a menudo representa engaño, traición y deshonestidad en las relaciones. Puede indicar una situación en la que una persona está manipulando a otra o usando tácticas poco éticas para ganar poder o control. Este no es un buen tiempo para el amor.

Si estamos solos, el Cinco de Espadas es una advertencia, el tiempo no es propicio para correr riesgos en el amor ni en las relaciones sociales. No demos por sentado que las personas con las que nos relacionamos son benignas, podemos estar siendo engañados por un lobo en piel de cordero. Seamos prudentes y no nos dejemos engañar, si algo es dema-siado bueno, quizás no sea lo que parece.

Si ya estamos en una relación el Cinco de Espadas podría sugerir que alguien en la relación está siendo deshonesto o poco confiable. Tam-bién podría significar que estamos siendo manipulados o usados por otra persona. Si estamos enfrentando un divorcio conflictivo, esta carta sugiere llegar a un acuerdo, aunque no sea el mejor posible, antes que recurrir a la justicia.

En general, esta carta nos dice que es importante prestar atención a cualquier situación poco clara. También, el Cinco de Espadas puede indicar que es hora de que seamos más asertivos y sepamos protegernos de las personas que intentan aprovecharse de nosotros en el amor.

Si esta carta aparece invertida, su significado es menos ominoso, pero aún así es una advertencia contra posibles riesgos en el futuro, que pue-den afectarnos a nosotros o a un amigo. También nos previene contra el orgullo y la traición, no nos dejemos manipular ni seducir.

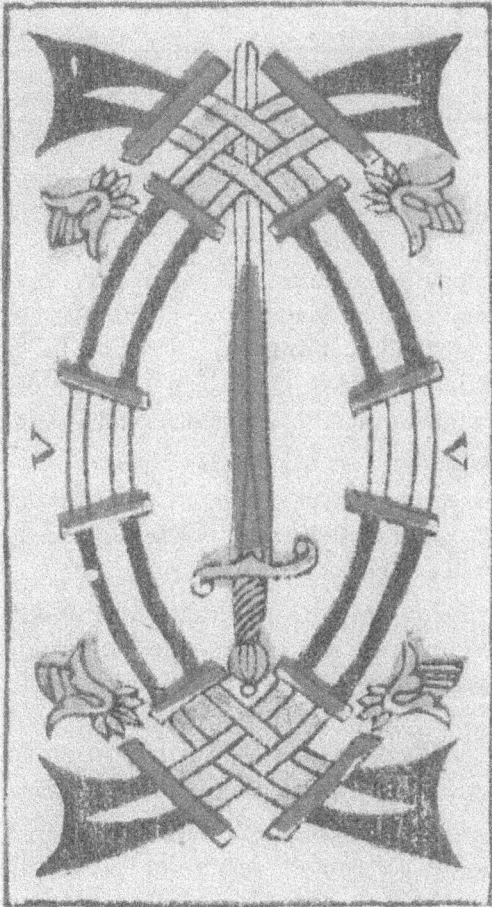

Seis de Espadas

SIGNIFICADO ADIVINATORIO
Progreso, superación de las dificultades, cambio de escenario. Viaje por agua a un nuevo hogar, y/o viaje en el plano de la conciencia. Esfuerzo inteligente, éxito merecido, inspiración, estudio, ciencia.

INVERTIDA
Estancamiento, impedimento para viajar, las dificultades no pueden superarse, falta de inspiración. Resultado o juicio desfavorable. Confesión, declaración.

El Seis de Espadas nos muestra el camino para superar nuestras limitaciones y conflictos en el amor, que en este caso es avanzar hacia adelante, buscando nuevas oportunidades, creciendo espiritualmente, y dejando atrás todo lo que nos limita. Esta carta también puede indicar emigración, una mudanza, o traslado a otra ciudad para seguir estudios superiores.

Si estamos solos, el Seis de Espadas nos aconseja que debemos renovarnos, buscar nuevos horizontes y nuevas relaciones, dejando atrás nuestro viejo círculo de amigos.

Si ya estamos en pareja, el Seis de Espadas puede indicar un momento de transición en una relación, que estamos superando una situación difícil o dolorosa y nos estamos moviendo hacia un futuro más prometedor. También nos enseña que debemos de crecer espiritualmente para poder superar las dificultades en la vida de relación. Si otras cartas lo confirman, también puede indicar que abandonaremos nuestro hogar.

En general, el Seis de Espadas es una carta de esperanza y de progreso. Indica que aunque el camino por delante parezca dificultoso, hay luz al final del túnel y el cambio es posible, si estamos dispuestos a ampliar nuestros horizontes.

Si se presenta invertida, esta carta indica que estamos bloqueados y no sabemos como superar nuestros problemas; seguimos insistiendo en modelos de comportamiento que nos nos benefician y somos incapaces de innovar, y posiblemente estemos estancados en relaciones que no nos benefician. No podremos superar nuestros problemas con otras personas hasta que no crezcamos espiritualmente.

Siete de Espadas

Significado adivinatorio
Intento aventurado, quizás de apropiarse de lo ajeno o de espiar, con resultado parcial o impredecible. Esperanza, anhelo, deseo. Mejor maña que fuerza. Viaje, huida. Amorío ilícito.

Invertida
Dificultad para tomar una decisión, indecisión. Buen consejo, advertencia, mejor pensar dos veces antes de actuar. Discusiones, querellas, decepción en la familia o con una amistad.

El Siete de Espadas sugiere que estamos intentando conseguir algo que normalmente no estaría a nuestro alcance, quizás sea una relación con alguien que ya está comprometido, o con una persona situada por encima de nuestro círculo social. Como no es posible lograr nuestros deseos abiertamente, intentamos alcanzarlos usando la maña más que la fuerza. Tengamos en cuenta que uno de los significados de esta carta es amorío ilícito.

Si estamos solos, el Siete de Espadas sugiere que estamos buscando una aventura amorosa, más que una relación estable; puede que lo logremos, pero es muy posible que las cosas no terminen tan bien como esperamos. Asimismo, el Siete de Espadas puede ser una señal de que debemos tener cuidado con aquellos que no son lo que parecen y que pueden no ser de confianza.

Si ya estamos en pareja, el Siete de Espadas sugiere la posibilidad de engaño, traición o deshonestidad. Quizás la parte más débil en la relación utilice subterfugios para sacar ventaja. Puede haber secretos o información oculta que amenaza la confianza y la estabilidad de la relación, y es posible que salgan a la luz. Es importante estar atentos a cualquier señal de engaño o comportamiento sospechoso y abordarlo de manera abierta y honesta con nuestra pareja. Este también puede ser un buen momento para reflexionar sobre nuestro propio comportamiento, que quizás esté contribuyendo a la falta de confianza o comunicación con nuestra pareja.

En general el Siete de Espadas sugiere que las cosas no están claras y nada es lo que parece ser; es posible que —cegados por la pasión— nos metamos en problemas. Si tenemos un conflicto con alguien, será mejor

que lleguemos a un arreglo amistoso en lugar de buscar una confrontación.

Cuando el Siete de Espadas aparece invertido indica un conflicto con alguien cercano. Si no estamos seguros de lo que debemos hacer para superar el conflicto, será mejor que busquemos consejo, no nos apresuremos a actuar.

Ocho de Espadas

SIGNIFICADO ADIVINATORIO
Interferencia, cautiverio, restricción, autolimitación, indecisión paralizante, desequilibrio, confusión. Crisis o enfermedad temporal. Traición, calumnia, censura. Embrujo.

INVERTIDA
Nuevo comienzo, nuevas opciones. Libertad de las ataduras del pasado o de los enemigos. Ver las cosas con una nueva perspectiva.

El Ocho de Espadas sugiere falta de claridad, lo que nos paraliza y no nos permite tomar una decisión o movernos hacia adelante. En el contexto del amor, puede indicar que nos sentimos atrapados en una relación o situación que nos hace infelices y no vemos una salida.

Si estamos solos, esta carta puede sugerir que estamos atrapados por nuestras propias creencias o patrones de pensamiento sobre el amor, lo que nos impide avanzar y encontrar una relación satisfactoria. Puede ser un recordatorio para que revisemos nuestras expectativas y nos permitamos experimentar cosas nuevas en nuestra búsqueda del amor. También es posible que alguien nos esté engañando.

Si estamos en una relación, el Ocho de Espadas indica confusión e incapacidad de salir del marasmo emocional en el que nos encontramos. Puede que nuestra pareja nos esté engañando, incentivando nuestra confusión para manipularnos a su gusto, pero también es posible que nuestra propia inseguridad sea lo que nos retiene y nos impide avanzar, como si nos estuviéramos aferrando a la relación por obligación o miedo a estar solos. Como de costumbre, las cartas vecinas nos permitirán determinar cual es la causa de nuestros problemas.

En general, el Ocho de Espadas indica un bloqueo intelectivo y emocional, un período en el que no vemos las cosas con claridad. La única forma de superar este bloqueo es sacarnos la venda de los ojos y ver la realidad claramente, superando nuestros prejuicios y sin dejarnos influir por lo que otras personas nos digan.

Si esta carta se presenta invertida es un buen augurio, indica que superaremos el período confusional que nos mantenía atados al pasado —y a los manejos de otras personas— y veremos las cosas claramente. Ese es el primer paso para recuperar nuestra libertad de pensamiento y acción.

Nueve de Espadas

SIGNIFICADO ADIVINATORIO
Sufrimiento, desesperación, enfermedad, depresión, martirio. Una pesada carga. Enclaustrado, un sacerdote. Preocupación obsesiva. Puede indicar la muerte de un ser amado. Malicia, crueldad, ataque mágico. Aborto (espontáneo).

INVERTIDA
Comienzo de una recuperación. El tiempo lo cura todo. Resignación; aceptar lo inevitable, dejar de preocuparse, no pensar más en ello, dejarse llevar. Esperanza y caridad.

El Nueve de Espadas a menudo se asocia con la ansiedad, la depresión y el miedo. Esta carta puede indicar que estamos experimentando un gran temor o preocupación relacionada con nuestra relación o situación amorosa actual.

Si estamos solos, el Nueve de Espadas puede indicar que tenemos miedo de comprometernos o de comenzar una nueva relación debido a traumas o desilusiones del pasado. Puede que nos aislemos para no correr riesgo alguno, pero el que nada arriesga, nada gana.

Si estamos en una relación, esta carta puede indicar que tenemos miedo de que algo salga mal o que nuestra pareja nos abandone. El Nueve de Espadas también puede indicar que estamos muy estresados en nuestra relación amorosa. Puede que estemos preocupados por algo que ha sucedido o por lo que podría suceder en el futuro, lo que nos impide disfrutar plenamente de nuestra relación. Asimismo (pero solo si otras cartas lo confirman) esta carta puede indicar una pérdida, puede referirse a la muerte de un ser amado o a una preñez que no llega a término.

En general, el Nueve de Espadas es una carta que indica depresión, preocupación y ansiedad. Si estamos experimentando estos sentimientos, es importante que hablemos con nuestra pareja o busquemos ayuda para superarlos y mejorar nuestra vida de relación.

Si está invertido, el Nueve de Espadas indica que superaremos los temores y amarguras que nos hacían infelices. Nos enseña a mirar hacia adelante y aceptar las pérdidas que hayamos sufrido en el pasado con ecuanimidad; nunca olvidaremos lo que ha pasado, pero no podemos ni debemos dejar que esos malos recuerdos empañen nuestro presente y nuestro futuro.

Diez de Espadas

SIGNIFICADO ADIVINATORIO
Gran desgracia, ruina de planes y relaciones, desolación, el final de una ilusión, derrota, pérdida, enfermedad corta. Esta carta representa el nadir, el punto más bajo de este ciclo de la fortuna; a partir de ahora las cosas sólo pueden mejorar. No indica muerte ni violencia.

INVERTIDA
Mejoría, alivio. Algo de ganancia o éxito. Voluntad para superar los problemas.

El Diez de Espadas generalmente presagia malas noticias, ya que representa el final de algo. Puede indicar una ruptura, una traición o una situación dolorosa en una relación. También puede indicar una pérdida emocional o estar de duelo. Sin embargo, es importante recordar que en el Tarot, ninguna carta es completamente buena o mala por sí sola, sino que debe interpretarse en el contexto de la pregunta y las cartas que la rodean. En algunos casos, el Diez de Espadas puede indicar la necesidad de dejar ir una relación que ya no es saludable o feliz para poder avanzar y encontrar algo mejor.

Si estamos solos, esta carta indica que nuestras esperanzas no se cumplirán y nuestras relaciones no prosperarán. Lo mejor que podemos hacer es no perder la confianza en nosotros mismos y esperar hasta que la situación mejore, viendo como, aunque sólo sea en pequeñas cosas, podemos mejorar la situación.

Si actualmente estamos en una relación el Diez de Espadas es un mal augurio, ya que esta carta se asocia con el dolor y la pérdida, y en el contexto del amor, puede ser una señal de una ruptura o el triste final de una relación. Sin embargo, también puede indicar que es hora de dejar ir lo que ya no nos sirve y seguir adelante, y que es importante mirar hacia el futuro en lugar de aferrarnos al pasado.

En general, el Diez de Espadas nos enseña que todo es transitorio, y debemos de aprender de estar en el flujo, y adaptarnos a lo que nos traiga la vida, bueno y malo. En todo caso, esta carta indica una desdicha transitoria, pero siempre queda en nuestras manos mejorar nuestra vida y cultivar buenas relaciones que nos hagan felices. También, a veces el

Diez de Espadas puede ser una señal de que necesitamos tiempo para sanar y para estar listos para una nueva relación en el futuro.

Cuando aparece invertido, el Diez de Espadas nos promete una mejoría de nuestra situación. Será algo gradual, pero con voluntad, podremos superar el mal momento.

Sota de Espadas

Significado adivinatorio
Lógico y penetrante, agresivo, duro, alerta. Ágil de mente y cuerpo. Espionaje, mensajes, diplomacia, prudencia, sabiduría práctica. Supervisor, administrador; vigilante, investigador, guardaespaldas. Planeando para el futuro, buscando la mejor opción.

Invertida
Malicioso, confabulador, traidor, vengativo, entrometido, indiscreto. Merodeador nocturno. Noticias o perturbación inesperada, impotencia. Problema de la salud.

La Sota de Espadas se asocia con la intelectualidad, la lógica y la comunicación clara y concisa. En el amor, puede indicar que estamos tomando una actitud muy racional y fría con nuestra pareja, poniendo demasiado énfasis en el pensamiento lógico y descuidando las emociones y sentimientos. Esta carta también puede indicar que estamos lidiando con una persona que es muy analítica y crítica en el amor, y que puede ser difícil conectarse emocionalmente con ella.

Si estamos solos, la Sota de Espadas nos enseña que, en el amor, es importante tratar de encontrar un equilibrio entre la razón y la emoción, y prestar atención a los sentimientos y necesidades tanto propios como del otro. También nos dice que posiblemente seamos muy exigentes y estemos buscando la pareja perfecta. Quizás sería bueno que nos relajáramos un poco y viviéramos un poco más en el presente, sin preocuparnos tanto por el futuro. Asimismo esta carta podría indicar la aparición de una persona con las características de la Sota de Espadas en nuestra vida, alguien que es muy intelectual y que valora la verdad y la honestidad por encima de todo.

Si ya estamos en una relación, la Sota de Espadas puede indicar que este es un buen momento para analizar nuestra relación de manera objetiva y evaluar si nuestras necesidades y las de nuestra pareja están siendo satisfechas. También puede ser un momento para intentar mejorar la comunicación, para asegurarnos de que nos estamos entendiendo bien con nuestra pareja.

En general, la Sota de Espadas es una carta que se enfoca en la mente y la comunicación, lo que sugiere que nuestro éxito en el amor dependerá

en gran medida de la capacidad de comunicarnos y entendernos con quienes nos relacionemos. Esta carta también nos insta a mantener la guardia en alto y no aceptar alegremente todo lo que nos digan; un poco de escepticismo nos evitará decepciones en el futuro.

Cuando la Sota de Espadas aparece invertida es un mal augurio en el amor; es posible que alguien esté actuando en nuestra contra, aunque finja ser nuestro amigo o nos jure amor. Es aconsejable actuar con prudencia y no confiar ciegamente en nadie.

Caballero de Espadas

Significado adivinatorio
Bravo, activo, inteligente, sutil, versátil, cambiante, muy hábil y preparado, dominante, con buenas intenciones. La imagen del caballero andante, dedicado y perseverante. Energía y medios para avanzar. La llegada o partida de la desgracia. Militar, detective, investigador.

Invertida
Despiadado, fanático, extravagante, tiránico y destructivo. Guerra. Un peligroso necio. Estafa, engaño.

El Caballero de Espadas describe a alguien impetuoso y con buenas intenciones, con un carácter honesto y directo. Como todos los caballeros del Tarot, esta carta indica llegadas y partidas, en este caso puede indicar la llegada o la partida del amor.

Si estamos solos, el Caballero de Espadas puede simbolizar a alguien que aparecerá en nuestra vida, o bien indicar la manera en que nos relacionamos con los demás. En el amor, esta carta sugiere que podemos ser un poco dominantes y quizás demasiado intensos en la expresión de nuestros sentimientos; aunque nadie ponga nuestra honestidad en duda, podríamos beneficiarnos si aprendemos a atemperar un poco nuestro proceder y adornamos nuestras palabras con un poco de cortesía y poesía. Esta carta también sugiere que estamos buscando a alguien que sea muy inteligente y racional, pero quizás necesitemos estar más abierto a nuestras emociones para alcanzar una conexión emocional profunda.

Si ya estamos en pareja, el Caballero de Espadas sugiere que quizás estamos siendo muy críticos con nosotros mismos o con nuestra pareja, o que somos demasiado exigentes, lo que puede afectar negativamente la relación. Es importante recordar que el amor también tiene un componente emocional y que la compasión y la empatía pueden ser tan importantes como la lógica y la razón.

Cuando esta carta aparece invertida, esto puede significar separación o divorcio. El Caballero de Espadas indica un conflicto extremo y destructivo con un fanático, alguien irracional y muy destructivo; seamos cuidadosos y mantengámonos alejados de personas de estas características.

CAVALLIER·DE·SPEE·

Reina de Espadas

Significado adivinatorio
Elegante pero estricta. Ágil de mente y cuerpo, justa, individualista, dura. Puede ser una danzarina, una viuda o una mujer sin hijos. Esta carta también significa privación, ausencia, separación, duelo. Defensa del territorio. Inteligencia, lucidez.

Invertida
Intrigante paranoica, cruel, maliciosa, falsa, tortuosa, calumniadora, celosa, estrecha de miras. Prejuiciosa, incapaz de adaptarse a lo nuevo. Una mujer maliciosa es nuestra enemiga y puede perjudicarnos.

La Reina de Espadas es una figura que representa la inteligencia, la astucia y la independencia. En cuanto al amor, su presencia puede significar la necesidad de tomar decisiones difíciles en una relación, de ser honestos y directos sobre lo que sentimos y de establecer límites saludables para protegernos a nosotros mismos.

Si estamos solos, la Reina de Espadas indica que quizás estemos en un momento de nuestra vida en el que estamos muy enfocados en nuestra carrera o nuestras metas personales, lo que puede dificultar un poco el encontrar una relación amorosa. También puede ser que estemos tomando el tiempo para sanar de una relación pasada y necesitemos tiempo para nosotros mismos antes de involucrarnos en una nueva relación. En el caso de que esta carta represente a alguien que entra en contacto con nosotros, indicaría una viuda o una mujer madura sin hijos.

Si ya estamos en una relación, la Reina de Espadas puede referirse a una persona que entra en nuestra vida, o describir como funciona nuestra relación. En el ámbito del amor, esta carta sugiere una actitud lúcida y nada romántica hacia nuestra pareja, donde valoramos la honestidad y la sinceridad por encima de todo, incluso aunque eso signifique enfrentar verdades dolorosas. La Reina de Espadas representa una energía mental muy fuerte, y en el amor puede indicar que estamos más enfocados en los aspectos prácticos y racionales de nuestra relación que en las emociones y los sentimientos. Puede ser una señal de que necesitamos encontrar el equilibrio adecuado entre nuestra cabeza y nuestro corazón para lograr una relación más satisfactoria.

·REŸNE · DESPÉE ·

En general, esta carta no es muy propicia para las relaciones, dado que más bien indica ausencia, distancia y duelo, pero aún así nos enseña que en todas nuestras relaciones debemos balancear bien nuestros sentimientos con nuestra racionalidad. La Reina de Espadas también indica ecuanimidad, equilibrio y gracia y aunque esas cualidades no sean muy románticas, permitirán que nuestras relaciones perduren un largo tiempo.

Si esta carta aparece invertida, es una advertencia contra alguien malicioso, posiblemente una mujer calumniadora y celosa, que quiere perjudicarnos. También es un llamado de atención para que nosotros mismos no seamos estrechos de miras ni celosos.

Rey de Espadas

SIGNIFICADO ADIVINATORIO
Un hombre con autoridad. Activo, lógico, inteligente, pletórico de ideas, experto. Valeroso, firme en la amistad y la enemistad, inteligente, auto-controlado, moderno, atrevido. Magistrado, hombre de leyes. Cirujano, fiscal, jerarca, militar, viudo, profesional. Poderoso aliado o un buen consejero. Un juicio.

INVERTIDA
Representa la autoridad, el poder puesto al servicio de la malevolencia, un hombre malvado que busca hacer daño. Obstinado, cruel, suspicaz. Enemigo formidable. Conflicto.

El Rey de Espadas generalmente representa a un hombre maduro y experimentado que es muy lógico, analítico y objetivo en sus pensamientos y acciones. Puede ser un excelente amigo, pero también un temible enemigo. Al igual que la Reina de Espadas, esta carta sugiere la necesidad de equilibrar la cabeza y el corazón en nuestras relaciones.

Si estamos solos, el Rey de Espadas puede sugerir que estamos decididos a dejar atrás el pasado y enfrentar el futuro, aunque nuestro corazón aún añora el pasado. También indica que seremos audaces en el amor, pero no nos abandonaremos a él, sino que intentaremos regular nuestros deseos y pasiones. En el caso de que la carta se refiera a otra persona, sería alguien con las características ya descritas.

Si ya estamos en una relación esta carta sugiere que se trata más bien una relación de conveniencia, que una basada en la pasión. El Rey de Espadas no comparte el poder, de modo que en cualquier relación, sólo uno de los miembros tendrá el mando. Otro significado posible es un juicio de divorcio.

En general, la simbología del Rey de Espadas no la mejor para las relaciones románticas, aunque indica orden, justicia y regularidad, por lo que son posibles relaciones equitativas y mutuamente beneficiosas.

Si esta carta aparece invertida el Rey de Espadas se convierte en un enemigo tan formidable como despiadado; esta carta es un augurio de conflicto.

· ROY · DE · SPEE ·

www.ingramcontent.com/pod-product-compliance
Lightning Source LLC
Chambersburg PA
CBHW051422090426
42737CB00014B/2780